ΣBEST シグマベスト

定期テスト
超直前で[illegible]
平均+10点
ワーク

中1
英語

文英堂

はじめに

中学の定期テストって？

部活や行事で忙しい！

中学校生活は，部活動で帰宅時間が遅くなったり，土日に活動があったりと，まとまった勉強時間を確保するのが難しいことがあります。

テスト範囲が広い！

また，定期テストは「中間」「期末」など時期にあわせてまとめて行われるため範囲が広く，さらに，一度に5教科や9教科のテストがあるため，勉強する内容が多いのも特徴です。

だけど…

中1の学習が，中2・中3の土台になる！

中1で習うことの積み上げや理解度が，中2・中3さらには高校での学習内容の土台となります。

高校入試にも影響する！

中3だけではなく，中1・中2の成績が内申点として高校入試に影響する都道府県も多いです。

忙しくてやることも多いし…，
時間がない！

テスト直前になってしまったら
何をすればいいの!?

テスト直前でも，
重要ポイント＆超定番問題だけを
のせたこの本なら，
爆速で得点アップできる！

本書の特長と使い方

この本は，**とにかく時間がない中学生**のための，
定期テスト対策のワークです。

1. ☑基本をチェック　でまずは基本をおさえよう！

テストに出やすい基本的で**重要な文法事項を穴埋め**にしています。
空欄を埋めて，大事なポイントを確認しましょう。

2. 10点アップ！↗　の超定番問題で得点アップ！

超定番の頻出問題を，**テストで問われやすい形式**でのせています。
わからない問題はヒントを読んで解いてみましょう。
英語の音声については，p.05を参照しましょう。

1
1章
am, areの文
（be動詞①）

10分

① ふつうの文
I am Sato Ken.（私は佐藤ケンです。）
You are my friend.（あなたは私の友達です。）
be動詞のあとには名詞や形容詞，場所を表す語句などを置く。
I in the library.（私は図書館にいます。）
You kind.（あなたは親切です。）

② 否定文
I am not from Tokyo.（私は東京出身ではありません。）
You right.

③ 疑問文と答え方
You are Mr. Brown.（あなたはブラウン先生です。）
Are you Mr. Brown?（あなたはブラウン先生ですか。）
Yes, I am.（はい，そうです。）
No, I am not.（いいえ，ちがいます。）
Yes / Noで答える。答える文にもbe動詞を使う。
you ready?（あなたは準備ができていますか。）
— Yes, I .（はい，できています。）

10点アップ！↗　10分

それぞれの指示に従って，次の英文を書きかえるとき，　に適切な語を書きなさい。
❶ I'm a student.（主語をyouにかえて）
a student.
❷ You're a baseball fan.（疑問文にしてNoで答える）
a baseball fan?
— No, .
❸ I am ready.（否定文に）
I ready.

次の日本文に合うように，（　）内の語（句）を並べかえて書きなさい。ただし，文頭にくる語も小文字で示されています。
❶ 私はサッカー選手です。（ a / soccer player / am / I ）.
❷ あなたは先生ですか。（ teacher / you / a / are ）?
❸ 私はカナダ出身ではありません。（ am / from / I / Canada / not ）.

次のようなとき，英語でどのように言いますか。（　）内の語を使って英文を書きなさい。
❶ 相手に自分は準備ができていると伝えるとき。（ ready ）
❷ 相手にあなたは遅刻していないと伝えるとき。（ late ）

答え合わせ　はスマホでさくっと！

その場で簡単に，赤字解答入り誌面が見られます。（くわしくはp.04へ）

ふろく　重要英文のまとめ

巻末に中1英語の重要英文をまとめました。
学年末テストなど，1年間のおさらいがさくっとできます。

"さくっとマルつけ" システムについて

本文のタイトル横のQRコードを，お手持ちのスマートフォンやタブレットで読み取ると，そのページの解答が印字された状態の誌面が画面上に表示されます。別冊の「解答と解説」を確認しなくても，その場ですばやくマルつけができます。

くわしい解説は，別冊 解答と解説 を確認！

まちがえた問題は，解説をしっかり読んで確認しておきましょう。

ミス注意！も合わせて読んでおくと，テストでのミス防止につながります。

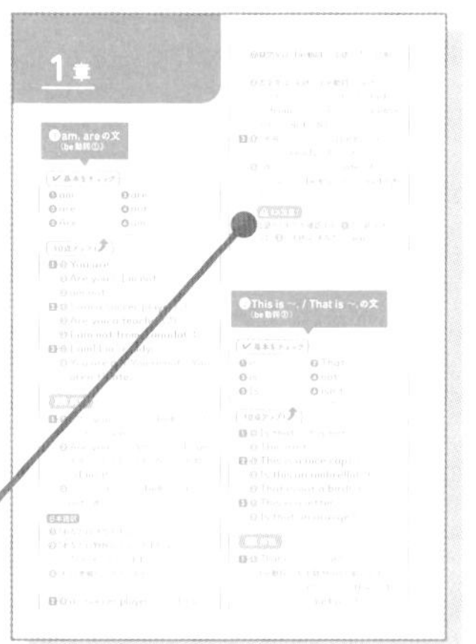

「さくっとマルつけシステム」は無料でご利用いただけますが，通信料金はお客様のご負担となります。すべての機器での動作を保証するものではありません。やむを得ずサービス内容に変更が生じる場合があります。QRコードは㈱デンソーウェーブの登録商標です。

もくじ

英語音声について

各セクションに1つ音声再生のQRコードをのせています。スマートフォンやタブレットで誌面上のQRコードを読み取ると，（音声マーク）の英文とその訳の音声を手軽に聞くことができます。

1 1章 am, areの文（be動詞①）

別冊 p.02

A-01

基本をチェック 10分

1-01

1 ふつうの文

I（主語） am（be動詞） Sato Ken.（私は佐藤（さとう）ケンです。）

You are my friend.（あなたは私の友達です。）

> amやareのことをbe動詞と言う。

> 「～です」や「～にいます」の意味を表す。

> 主語がI「私」ならam，you「あなた」ならareを使う。

> be動詞のあとには名詞や形容詞，場所を表す語句などを置く。

I ① ______ in the library.（私は図書館にいます。）

You ② ______ kind.（あなたは親切です。）

短縮形
- I am ⇒ I'm
- you are ⇒ you're

2 否定文

I am not from Tokyo.（私は東京出身ではありません。）

> be動詞のあとにnotを置く。

You ③ ______ ④ ______ right.
（あなたは正しくありません。）

短縮形
- I am not ⇒ I'm not
- you are not ⇒ you're not / you aren't

〈be動詞＋from ～〉
「～出身」という意味。

3 疑問文と答え方

［ふつうの文］ You（主語） are（be動詞） Mr. Brown.（あなたはブラウン先生です。）

［疑問文］ Are（be動詞） you（主語） Mr. Brown?（あなたはブラウン先生ですか。）

［答え方］ Yes, I am.（はい，そうです。）

No, I am not.（いいえ，ちがいます。）

> be動詞を主語の前に出し，〈be動詞＋主語～?〉の形でたずねる。

> Yes / Noで答える。答える文にもbe動詞を使う。

⑤ ______ you ready?（あなたは準備ができていますか。）

— Yes, I ⑥ ______.（はい，できています。）

注意
疑問文の終わりには，クエスチョンマーク（?）を付ける。

答え方
Are you ～?「あなたは～ですか。」とたずねられたら，答える文の主語はI「私は」となる。

10点アップ！

1 それぞれの指示に従って，次の英文を書きかえるとき，＿＿に適切な語を書きなさい。

❶ I'm a student.（主語をyouにかえて）

＿＿＿＿ ＿＿＿＿ a student.

❷ You're a baseball fan.（疑問文にしてNoで答える）

＿＿＿＿ ＿＿＿＿ a baseball fan?

—No, ＿＿＿＿ ＿＿＿＿.

❸ I am ready.（否定文に）

I ＿＿＿＿ ＿＿＿＿ ready.

2 次の日本文に合うように，（　）内の語(句)を並べかえて書きなさい。ただし，文頭にくる語も小文字で示されています。

❶ 私はサッカー選手です。(a / soccer player / am / I).

＿＿＿＿＿＿＿＿＿＿＿＿＿＿＿＿.

❷ あなたは先生ですか。(teacher / you / a / are)?

＿＿＿＿＿＿＿＿＿＿＿＿＿＿＿＿?

❸ 私はカナダ出身ではありません。(am / from / I / Canada / not).

＿＿＿＿＿＿＿＿＿＿＿＿＿＿＿＿.

3 次のようなとき，英語でどのように言いますか。（　）内の語を使って英文を書きなさい。

❶ 相手に自分は準備ができていると伝えるとき。(ready)

＿＿＿＿＿＿＿＿＿＿＿＿＿＿＿＿

点UP ❷ 相手にあなたは遅刻(ちこく)していないと伝えるとき。(late)

＿＿＿＿＿＿＿＿＿＿＿＿＿＿＿＿

ヒント

1 ❶
主語のyouに合わせてbe動詞もかえる。

❷
ふつうの文を疑問文にするには，be動詞を主語の前に出す。

❸
ready（準備ができた）
否定文にするにはbe動詞のあとにnotを置く。

2 ❶
「私は～です。」という文は，〈主語＋be動詞～.〉の語順で表す。

❷
疑問文はbe動詞を主語の前に出す。

❸
否定文はbe動詞のあとにnotを置く。

3 ❶
「私は準備ができています。」という文を作る。

❷
late（遅(おく)れた，遅刻した）
「あなたは遅刻していません。」という否定文を作る。

1章

2 This is ～. / That is ～.の文（be動詞②）

別冊 p.02

さくっとマルつけ A-02

基本をチェック 10分

1 ふつうの文

音声再生 1-02

This（主語） is（be動詞） a pen.（これはペンです。）

That is an apple.（あれはりんごです。）

> thisやthatが主語の文では，be動詞はam，areではなくisを使う。

> 近くのものを指すときはthis「これは」，遠くのものを指すときはthat「あれは」を使う。

This ❶ ＿＿＿＿ my guitar.（これは私のギターです。）

❷ ＿＿＿＿ is a computer.（あれはコンピューターです。）

2 否定文

This is not[isn't] a notebook.（これはノートではありません。）

> be動詞のisのあとにnotを置く。

That ❸ ＿＿＿＿ ❹ ＿＿＿＿ a violin.

（あれはバイオリンではありません。）

3 疑問文と答え方

［ふつうの文］ That（主語） is（be動詞） your bag.（あれはあなたのかばんです。）

［疑問文］ Is（be動詞） that（主語） your bag?（あれはあなたのかばんですか。）

［答え方］ Yes, it is.（はい，そうです。）

No, it is not [it's not / it isn't].（いいえ，ちがいます。）

> be動詞のisを主語の前に出し，〈Is this[that] ～?〉の形でたずねる。

> Yes / Noで答える。答える文の主語はit「それは」で，be動詞はis。

❺ ＿＿＿＿ this a camera?（これはカメラですか。）

— No, it ❻ ＿＿＿＿ .（いいえ，ちがいます。）

注意

appleのように母音（ぼいん）（日本語のア，イ，ウ，エ，オに近い音）で始まる語の前は，aではなくanを置く。

名詞の前に形容詞を置いて，人やものの性質・状態を説明することができる。

例 This is an old bag.
「これは古いかばんです。」

短縮形

- that is⇒that's
- it is⇒it's
- is not⇒isn't

≫答え方

Is this[that] ～?「これ[あれ]は～ですか。」とたずねられたら，答えの文の主語はit「それは」となる。

注意

解答に短縮形を使うかどうかは，空所の数で決める。

10点アップ！ 10分

1 それぞれの指示に従って，次の英文を書きかえるとき，____に適切な語を書きなさい。

❶ That is a piano.（疑問文にしてNoで答える）

________ ________ a piano?

— No, ________ ________ ________.

❷ This is a camera.（否定文に）

________ ________ a camera.

2 次の日本文に合うように，（　）内の語を並べかえて書きなさい。ただし，文頭にくる語も小文字で示されています。

❶ これはすてきな帽子(ぼうし)です。(is / cap / a / this / nice).

________________________________.

点UP ❷ これはかさですか。(umbrella / this / an / is)?

________________________________?

❸ あれは鳥ではありません。(bird / is / not / that / a).

________________________________.

3 次のようなとき，英語でどのように言いますか。（　）内の語を使って英文を書きなさい。

❶ 相手にこれは手紙ですと伝えるとき。(letter)

____

❷ 相手にあれはオレンジかとたずねるとき。(orange)

____

ヒント

1 ❶
主語がthatの疑問文には，itを主語にして答える。

❷
否定文にするには，be動詞のあとにnotを置く。空所の数に注意。

2 ❶
〈形容詞＋名詞〉の形で名詞の説明をする。

❷
疑問文はbe動詞で始める。

❸
否定文はbe動詞のあとにnotを置く。

3 ❶
「これは手紙です。」という文を作る。letterは数えられる名詞。

❷
「あれはオレンジですか。」という疑問文を作る。
orangeは母音(ぼいん)で始まっていることに注意。

3 (1章) He is ～. / She is ～. の文（be動詞③）

別冊 p.03

A-03

基本をチェック 10分

1-03

1 ふつうの文

This is Mike. He is[He's] a student.

（こちらはマイクです。彼（かれ）は学生です。）

That is Lisa. She is[She's] my friend.

（あちらはリサです。彼女（かのじょ）は私の友達です。）

> heやsheが主語の文では，be動詞はisを使う。

> すでに話題にのぼっている１人の人について言うとき，男性にはhe「彼は」を，女性にはshe「彼女は」を使う。

This is Koji. ❶ ______ is my brother.
（こちらはコウジです。彼は私の兄[弟]です。）

That is Ms. Brown. ❷ ______ from America.
（あちらはブラウン先生です。彼女はアメリカ出身です。）

2 否定文

She is not[She's not/ She isn't] my classmate.
（彼女は私の同級生ではありません。）

> be動詞のisのあとにnotを置く。

He ❸ ______ a singer.（彼は歌手ではありません。）

3 疑問文と答え方

［疑問文］ Is he your brother?（彼はあなたのお兄さん[弟さん]ですか。）

［答え方］ Yes, he is.（はい，そうです。）

No, he is not[he's not / he isn't].（いいえ，ちがいます。）

> be動詞のisを主語の前に出し，〈Is he[she] ～?〉の形でたずねる。

> Yes / Noで答える。答える文も主語はhe[she]で，be動詞はis。

❹ ______ ❺ ______ cute?（彼女はかわいいですか。）
— Yes, she ❻ ______ .（はい，かわいいです。）

代名詞
heやsheなどの代名詞は，くり返しをさけるために名詞の代わりに使う語。

This[That] is ～.
「こちら[あちら]は～です。」は，人を紹介（しょうかい）するときによく使う。

be動詞のまとめ

主語	be動詞	短縮形
I	am	I'm
you	are	you're
this	is	－
that	is	that's
it	is	it's
he	is	he's
she	is	she's

Iとyou以外の１人[１つ]の人[もの]が主語のときは，isを使う。

短縮形
- he is⇒he's
- she is⇒she's

10点アップ！ 10分

1 それぞれの指示に従って，次の英文を書きかえるとき，＿＿に適切な語を書きなさい。

❶ I'm a basketball fan.（主語をheにかえて）

＿＿＿＿ ＿＿＿＿ a basketball fan.

❷ He's your brother.（疑問文にしてNoで答える）

＿＿＿＿ ＿＿＿＿ your brother?

— No, ＿＿＿＿ ＿＿＿＿.

❸ She is my mother.（否定文に）

＿＿＿＿ ＿＿＿＿ my mother.

2 次の日本文に合うように，（　　）内の語を並べかえて書きなさい。ただし，文頭にくる語も小文字で示されています。

❶ 彼女(かのじょ)は有名な歌手です。(famous / a / is / singer / she).

＿＿＿＿＿＿＿＿＿＿＿＿＿＿＿＿.

点UP ❷ 彼(かれ)はあなたのいとこですか。(your / he / cousin / is)?

＿＿＿＿＿＿＿＿＿＿＿＿＿＿＿＿?

❸ 彼は教師ではありません。(is / teacher / a / he / not).

＿＿＿＿＿＿＿＿＿＿＿＿＿＿＿＿.

3 次のようなとき，英語でどのように言いますか。（　　）内の語を使って英文を書きなさい。

❶ 相手に彼女がカナダ（Canada）の出身であることを伝えるとき。(from)

＿＿＿＿＿＿＿＿＿＿＿＿＿＿＿＿

❷ 相手に彼はあなたの友達かとたずねるとき。(your)

＿＿＿＿＿＿＿＿＿＿＿＿＿＿＿＿

ヒント

1 ❶ 主語に合わせてbe動詞もかえる。

❷ 疑問文にするには，be動詞を主語の前に出す。

❸ 否定文にするには，be動詞のあとにnotを置く。

2 ❶ 形容詞は名詞の前に置く。

❷ cousin（いとこ）疑問文はbe動詞で文を始める。

❸ 否定文にするには，be動詞のあとにnotを置く。

3 ❶ 「彼女はカナダ出身です。」という文を作る。

❷ 「彼はあなたの友達ですか。」という疑問文を作る。

4

1章

I play ～.などの文（一般動詞の現在の文）

別冊 p.04

A-04

基本をチェック

10分

1 ふつうの文

音声再生 1-04

I run.（私は走ります。）
（主語: I　動詞: run）

You have a pen.（あなたはペンを持っています。）
（主語: You　動詞: have　目的語: a pen）

I sometimes cook.（私はときどき料理をします。）
（主語: I　副詞: sometimes　動詞: cook）

- 一般動詞（いっぱん）はbe動詞（am, are, is）以外の動詞のこと。
- 主語の動作や状態を表す。
- sometimes「ときどき」やoften「よく」などの頻度（ひんど）を表す副詞は一般動詞の前に置く。

You ① ______ ② ______ English.
（あなたは英語をよく勉強します。）

2 否定文

I do not[don't] like science.（私は理科が好きではありません。）

- 動詞の前にdo not[don't]を置く。

I ③ ______ ④ ______ ⑤ ______ Japanese.
（私は日本語を話しません。）

3 疑問文と答え方

［疑問文］Do you play tennis?（あなたはテニスをしますか。）
（主語: you　動詞: play　目的語: tennis）

［答え方］Yes, I do.（はい，します。）
No, I do not[don't].（いいえ，しません。）

- 文の先頭にDoを置き，〈Do＋主語＋一般動詞～？〉の形でたずねる。
- Yes / Noで答える。答える文にもdoを使う。

⑥ ______ you ⑦ ______ TV every day?
（あなたは毎日，テレビを見ますか。）
— No, ⑧ ______ ⑨ ______.
（いいえ，見ません。）

1人称（にんしょう）と2人称
- 1人称…私（I）
  私たち（we）
- 2人称…あなた（you）
  あなたたち（you）

目的語
「～を」「～に」にあたる語。

頻度を表す副詞
- always（いつも）
- often（よく，しょっちゅう）
- sometimes（ときどき）
- usually（たいてい）
など

短縮形
- do not⇒don't

⚠注意
否定文の語順
〈I［You］＋do not＋一般動詞（＋目的語）.〉

⚠注意
疑問文の語順
疑問文になっても〈主語＋一般動詞＋目的語〉の語順は変わらない。

10点アップ！ 10分

1 ❶～❸の指示に従って，次の英文を書きかえなさい。
You know that boy.

❶ 疑問文に。

❷ ❶の疑問文にYesで答える。

❸ ❶の疑問文にNoを使って３語で答える。

2 ❶，❷の指示に従って，次の英文を書きかえなさい。
I like baseball very much.

❶ 否定文に。

点UP ❷ ❶の英文を日本語に。
(　　　　　　　　　　)

3 次のようなとき，英語でどのように言いますか。(　　)内の語を使って英文を書きなさい。

❶ 相手に自分が数学が好きではないことを伝えるとき。(don't)

点UP ❷ 相手にときどきサッカーをするかとたずねるとき。
(sometimes, soccer)

ヒント

1 ❸
短縮形を使って答えるかどうかは，指示された語数から考える。

2 ❶
否定文にするには，動詞の前にdo not[don't]を置く。

❷
not ～ very muchで「あまり～ではない」という意味になる。

3 ❶
「私は数学(math)が好きではありません。」という文を作る。

❷
頻度(ひんど)を表す副詞sometimesは動詞の前に置く。

1章

5 2章 名詞の複数形

解答 別冊 p.05

さくっとマルつけ A-05

基本をチェック 10分

1 名詞の複数形

音声再生 1-05

I have two dogs.（私はイヌを2匹飼っています。）

> 名詞には単数形と複数形がある。

> 単数のときは，名詞の前にa[an]を置く。複数のときは，名詞を複数形（ふつうは-sで終わる形）にする。

複数形の-sの付け方

ふつう	sを付ける。	例 car⇒cars
語尾がs, sh, ch, x, o	esを付ける。	例 bus⇒buses
語尾が〈子音字+y〉	yをiにかえてesを付ける。	例 city⇒cities
語尾がf, fe	f，feをvにかえてesを付ける。	例 leaf⇒leaves

I need two ❶ ______ and three ❷ ______ .

（私は2つの卵と3つのトマトが必要です。）

2 〈How many＋名詞の複数形～?〉の文

How many pens do you have?（あなたはペンを何本持っていますか。）

— (I have) three (pens).（(私は) 3本(のペンを持っています)。）

> 「いくつの～ですか」とたずねる文。

❸ ______ ❹ ______ ❺ ______ do you have?

（あなたは何人の姉妹がいますか。）

3 someとany

[ふつうの文] I have some caps.（私は帽子をいくつか持っています。）

[疑問文] Do you have any caps?

（あなたは帽子をいくつか持っていますか。）

[否定文] I don't have any caps.（私は帽子を1つも持っていません。）

> 〈some[any]＋名詞の複数形〉の形で「いくつかの」の意味を表す。

> ふつうの文ではsome，疑問文・否定文ではanyを使うことが多い。

I want ❻ ______ ❼ ______ .（私は友達が何人かほしいです。）

複数形がない名詞

名詞には数えられる名詞と，数えられない名詞がある。数えられない名詞には複数形がない。

数えられない名詞の例

- 教科名…English（英語），music（音楽）
- 形のないもの…coffee（コーヒー），milk（牛乳），water（水）
- 国名…Canada（カナダ），Japan（日本）
- そのほか…money（お金），paper（紙）

複数形が不規則に変化する名詞

例 man（男性）⇒men，child（子ども）⇒children

単数形と複数形が同じ名詞

例 fish（魚），sheep（羊），Japanese（日本人）

答え方

答える文は，Yes / Noは使わずに，数を答える。〈主語＋動詞〉やあとの名詞を省略して，数だけを答えてもよい。

否定文でのany

not ～ any ...

（1つ[1人]の…も～ない）

10点アップ！ 10分

1 ❶，❷の指示に従って，次の英文を書きかえなさい。

I have three balls.

点UP ❶ youを主語にして，下線部をたずねる疑問文に。

❷ ❶の英文を日本語に。

（　　　　　　　　　　　　　　　　）

2 ❶～❸の指示に従って，次の英文を書きかえなさい。

I have a T-shirt.

❶ aをfiveにかえて。

❷ ❶の文のfiveをsomeにかえて。

❸ ❷の文を疑問文に。ただし，疑問文の主語はyouにすること。

3 次のようなとき，英語でどのように言いますか。（　　）内の語を使って英文を書きなさい。

❶ 相手にイヌが好きかをたずねるとき。（ like ）

❷ 相手に自分は本を何冊か持っていることを伝えるとき。（ have ）

ヒント

1 ❶
three「3つ」が答えの中心だから，「～をいくつ持っていますか」と個数をたずねる疑問文にする。

2 ❶
あとに続く名詞を複数形にすることを忘れないようにする。

❸
疑問文にするときに，someを別の語にかえることに注意する。

3 ❶
一般(いっぱん)的に好きかどうかをたずねるとき，たずねる対象が数えられる名詞のときにはその名詞を複数形にする。

6 ②章 命令文

さくっとマルつけ

A-06

基本をチェック

10分

1 一般動詞の命令文

音声再生
1-06

［ふつうの文］ Come here.（ここに来なさい。）（動詞の原形）

［ていねいな文］ Please come here.

= Come here, please.（どうぞ，ここに来てください。）

［否定の文］ Don't come here.（ここに来てはいけません。）

- 「～しなさい」と相手に指示・命令する文。
- 主語を置かずに動詞の原形で文を始める。
- 命令文の前にDon'tを置くと，「～してはいけません」と相手の動作を禁止する表現になる。
- 文頭か文末にpleaseを置くと，ていねいな言い方になる。

① ＿＿＿＿ us, ② ＿＿＿＿ .（私たちを手伝ってください。）

③ ＿＿＿＿ eat too much.（食べ過ぎてはいけません。）

命令文は主語を省略
主語のyouが省略されていると考える。

注意
文末にpleaseを置くときは，前にコンマ(,)を付ける。

動詞の原形
英語の動詞は主語や時制によって，形がかわる。かわる前のもとの形を動詞の原形という。

2 be動詞の命令文

［ふつうの文］ Be careful.（気をつけなさい。）

［否定の文］ Don't be afraid.（怖（こわ）がってはいけません。）

- 「～でいなさい」「～になりなさい」と，ある状態でいるように相手に指示・命令する文。
- be動詞の原形Beで文を始めて，そのあとに形容詞や名詞を続ける。
- Beで始まる命令文の前にDon'tを置くと，「～してはいけません」という，ある状態でいることを禁止する表現になる。

④ ＿＿＿＿ quiet.（静かにしなさい。）

⑤ ＿＿＿＿ ⑥ ＿＿＿＿ late.（遅（おく）れてはいけません。）

命令文にするとき
You are careful.
⇒Be careful.
be動詞の文を命令文にするときは，主語のyouを省略して，areを原形のbeにする。

Don't be ～.
- Don't be noisy.（うるさくしてはいけません。）
- Don't be sorry.（謝らないで。）

3 Let's ～.の文

Let's play tennis.（テニスをしましょう。）

- 「～しましょう」と相手に提案したり，相手を勧誘（かんゆう）したりする文。
- Let'sで文を始め，動詞の原形で始まる命令文を続ける。

⑦ ＿＿＿＿ ⑧ ＿＿＿＿ here.（ここに座（すわ）りましょう。）

答え方
— Yes, let's.（はい，そうしましょう。）
— No, let's not.（いいえ，やめておきましょう。）

10点アップ！ 10分

1 それぞれの指示に従って，次の英文を書きかえなさい。

❶ You study math every day.（命令文に）

点UP ❷ You are late.（否定の命令文に）

2 次の英文を日本語にしなさい。

❶ Let's go to the mountain.

山に（　　　　　　　　　　　　）。

❷ Please read this book.

どうぞ，この本を（　　　　　　　　　　　　）。

❸ Don't take pictures here.

ここで写真を（　　　　　　　　　　　　）。

3 次のようなとき，英語でどのように言いますか。（　　）内の語を使って英文を書きなさい。

❶ 相手にそのドアを開けることを禁止するとき。（ open ）

❷ サッカーをしようと相手を誘(さそ)うとき。（ play ）

ヒント

1 ❶ 「～しなさい」という命令文は，動詞の原形で文を始める。

❷ be動詞の否定の命令文は，be動詞の原形beで始まる命令文の前にDon'tを置く。

2 ❶ Let's ～. の文は提案したり勧誘(かんゆう)したりする表現。

❷ ていねいな命令文。

❸ 動作を禁止する命令文。

3 ❶ 「そのドアを開けてはいけません。」という文を作る。

❷ 「サッカーをしましょう。」という文を作る。

2章

7 2章

さまざまな疑問文①（what, who, where, when）

別冊 p.06

A-07

基本をチェック　10分

1-07

1 Whatで始まる疑問文

What is this?（これは何ですか。）
― It is a pen.（それはペンです。）

What do you want?（あなたは何がほしいですか。）
― I want an eraser.（私は消しゴムが1つほしいです。）

> What ～？はもの（何か）をたずねる文。

〈What＋be動詞＋主語～？〉「～は何ですか」（be動詞の疑問文の語順）

〈What＋do＋主語＋動詞～？〉「…は何を～しますか」（一般動詞の疑問文の語順）

> Yes / Noではなく，「何」かを具体的に答える。

① ＿＿＿＿ is that? ― ② ＿＿＿＿ a shrine.
（あれは何ですか。―それは神社です。）

③ ＿＿＿＿ ④ ＿＿＿＿ you like?（あなたは何が好きですか。）

疑問詞を使った疑問文
- 疑問詞…what, who, where, when, howなどの語。
- 答え方…疑問詞でたずねられていることを具体的に答える。Yes / Noでは答えない。
- 読み方…下げ調子（ふつうの疑問文は上げ調子で読む）

≫答え方
〈What is this[that]?〉とたずねられたら，〈It is ～.〉で答える。

短縮形
- it is⇒it's

2 Who / Where / Whenで始まる疑問文

Who is that boy?（あの少年はだれですか。）
― He's Paul.（彼はポールです。）

Where is Kate?（ケイトはどこにいますか。）
― She's in the gym.（彼女は体育館にいます。）

When is your birthday?（あなたの誕生日はいつですか。）
― It's March 9.（3月9日です。）

> Who ～？は人（だれか）をたずねる文。

〈Who＋be動詞＋主語～？〉「～はだれですか」

> Where ～？は場所（どこか）をたずねる文。

〈Where＋be動詞＋主語～？〉「～はどこですか」

〈Where do＋主語＋動詞～？〉「…はどこで～しますか」

> When ～？は時（いつか）をたずねる文。

〈When＋be動詞＋主語～？〉「～はいつですか」

〈When do＋主語＋動詞～？〉「…はいつ～しますか」

⑤ ＿＿＿＿ ⑥ ＿＿＿＿ she?（彼女はだれですか。）

⑦ ＿＿＿＿ ⑧ ＿＿＿＿ you go to bed?（あなたはいつ寝ますか。）

〈疑問詞＋is〉の短縮形
- what is⇒what's
- who is⇒who's
- where is⇒where's
- when is⇒when's

≫答え方
- Where do they live?（彼らはどこに住んでいますか。）
― They live in Saitama.（彼らは埼玉に住んでいます。）

10点アップ！ 10分

1 次の対話文が成り立つように，(　　)内から適切な語を選んで，○で囲みなさい。

❶ (What, Where) is your dog? ― It's under the table.

❷ (What, Who) is your name? ― My name is Aya.

❸ (Where, When) do you take a bath?
― I take a bath after dinner.

❹ (Where, When) do they practice basketball?
― In the gym.

2 次の日本文に合うように，(　　)内の語(句)を並べかえて書きなさい。ただし，文頭にくる語も小文字で示されています。

❶ 彼女(かのじょ)はどこの出身ですか。
(she / where / from / is)?

______________________________?

❷ あの女性はだれですか。
(that / is / woman / who)?

______________________________?

❸ ベンとメアリーはいつテニスをしますか。
(do / play / when / tennis / Ben and Mary)?

______________________________?

3 次のようなとき，英語でどのように言いますか。(　　)内の語を使って英文を書きなさい。

❶ 相手にどこの出身かとたずねるとき。(are)

____

点UP ❷ 相手にいつ宿題をするのかとたずねるとき。(do, homework)

____

ヒント

1 ❶
under (～の下に)
答えの文では場所を答えている。

❸
take a bath (ふろに入る)
答えの文のafter dinnerは時を表す語句。

❹
practice (～を練習する)
答えの文では，They practice it [basketball] が省略されている。

2 ❶～❸
疑問詞のあとは疑問文の語順になる。

3 ❶
〈be動詞＋from ～〉で，「～出身」という意味。

❷
疑問詞のあとは，一般(いっぱん)動詞の疑問文の語順になる。

8 2章 さまざまな疑問文②（which, how, why, what ～, how ～）

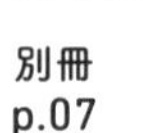

A-08

基本をチェック　10分

1 Whichで始まる疑問文

音声再生 1-08

Which do you like, cats or dogs?
（ネコとイヌでは，あなたはどちらが好きですか。）
— I like cats.（私はネコが好きです。）

Which pen is pink?（どのペンがピンクですか。）
— This one is.（これです。）

> Which ～?は限られたものの中の「どれ」かをたずねる文。
〈Which＋疑問文(, A or B)?〉「(AとBでは)どちらが…ですか」
〈Which＋名詞～ (, A or B)?〉「(AとBでは)どの～が…ですか」

❶ ＿＿＿＿ is your ball?（どちらがあなたのボールですか。）

代名詞one
oneは前の文のpenを指す代名詞。

2 How, Whyで始まる疑問文

How is your mother?（あなたのお母さんの調子はどうですか。）
— She is fine. Thanks.（彼女(かのじょ)は元気です。ありがとう。）

How do you go to school?（あなたはどうやって学校へ行きますか。）
— I go there by bike.（私はそこへ自転車で行きます。）

Why do you get up early?（あなたはなぜ早く起きるのですか。）
— Because I make breakfast.（なぜなら私は朝食を作るからです。）

> How ～?は状態や，手段・方法などをたずねる文。
〈How＋be動詞＋主語?〉「…（の調子）はどうですか」
〈How do＋主語＋動詞～?〉「…はどうやって～しますか」
> Why ～?は理由をたずねる文。答えるときはBecauseを使う。
〈Why do＋主語＋動詞～?〉「…はなぜ～するのですか」

❷ ＿＿＿＿ ❸ ＿＿＿＿ you use it?（それはどうやって使うのですか。）

前置詞by
byは「～で」の意味で交通手段を表す。

〈How＋形容詞・副詞〉
- How many（いくつ）
- How long（どのくらい長い）
- How old（どのくらい古い，何歳(さい)）
- How much（いくら）

〈How＋形容詞・副詞〉で始まる疑問文
- How much is this bag?（このかばんはいくらですか。）
—It's three thousand yen.（それは3,000円です。）
- How old is Bill?（ビルは何歳ですか。）
—He's thirteen (years old).（彼は13歳です。）

3 〈What＋名詞〉で始まる疑問文

What sport(s) do you like?（あなたは何のスポーツが好きですか。）

> What＋名詞～?は「何の〔どんな〕…」とたずねる文。

❹ ＿＿＿＿ color ❺ ＿＿＿＿ you like?
（あなたは何色が好きですか。）

10点アップ！ 10分

1 次の対話文が成り立つように，（　　）内から適切な語を選んで，○で囲みなさい。

❶ (Who, Which) book do you read?
— I read this one.

❷ (Why, How) do you go to the hospital?
— I go there by bus.

❸ (Why, How) do you go to the library?
— Because I study there.

2 次の日本文に合うように，（　　）内の語や符号を並べかえて書きなさい。ただし，文頭にくる語も小文字で示されています。

❶ あなたは毎日，どれくらいの時間勉強しますか。
(you / long / study / do / how) every day?

________________________ every day?

❷ あなたはどんなプレゼントがほしいですか。
(want / do / present / what / you)?

________________________ ?

点UP ❸ 牛乳とコーヒーでは，あなたはどちらが好きですか。
(you / do / or / which / milk / like / ,) coffee?

________________________ coffee?

3 次のようなとき，英語でどのように言いますか。（　　）内の語を使って英文を書きなさい。

❶ 相手に相手がどうやって駅に行くのかとたずねるとき。
(how, the station)

____

点UP ❷ 相手に野球とサッカーのどちらが好きかとたずねるとき。(which)

____

ヒント

1 ❶
答えの文から，何をたずねている疑問文なのかを考える。

❷
by busと「手段」を答えていることから考える。

❸
Because ～と「理由」を答えていることから考える。

2 ❶
時間の長さをたずねるので，疑問詞howのあとに「長く」の意味の副詞を続ける。

❷
「どんな～」は〈what＋名詞〉で表す。

❸
〈疑問詞＋一般動詞の疑問文〉のあとに，「～と…のどちらか」を続ける。コンマがあることに注意。

3 ❶
「あなたはどうやって駅へ行きますか。」という文を作る。手段・方法をたずねる文。

❷
「どちら」かをたずねるときは，疑問詞whichを使う。AかBかを選ぶときは，疑問文のあとにコンマ(,)を付けてA or Bを続ける。

2章

9

（3章）

He plays 〜. などの文（一般動詞の3人称単数現在形の文）

解答 別冊 p.08

さくっとマルつけ

A-09

基本をチェック　10分

1 ふつうの文

音声再生 1-09

［1人称の文］I play tennis.（私はテニスをします。）

［3単現の文］Toshi plays tennis.（トシはテニスをします。）

> 主語が3人称単数現在のふつうの文では，動詞を3人称単数現在形にする。

3人称単数現在形の作り方

ふつう	sを付ける。	例 like→⇒likes
語尾がs, sh, ch, x, o	esを付ける。	例 go⇒goes
語尾が〈子音字＋y〉	yをiにかえてesを付ける。	例 study⇒studies
不規則に変化する		例 have⇒has

Ms. Sato ① ＿＿＿＿ science.（佐藤先生は理科を教えます。）

2 否定文

Lucy does not[doesn't] speak Japanese.（ルーシーは日本語を話しません。）

> 動詞の原形の前にdoes not[doesn't]を置く。

Jane ② ＿＿＿＿ ③ ＿＿＿＿ a bike.（ジェーンは自転車を持っていません。）

3 疑問文と答え方

［疑問文］Does Aki like animals?（アキは動物が好きですか。）

［答え方］Yes, she does.（はい，好きです。）

No, she does not[doesn't].（いいえ，好きではありません。）

> 文頭にDoesを置き，〈Does＋主語＋動詞の原形〜？〉の形でたずねる。

> 答える文にもdoesを使って，Yes / Noで答える。

> 疑問文の主語が男性のときはhe，女性のときはshe，ものごとのときはitを主語にして答える。

④ ＿＿＿＿ Koji ⑤ ＿＿＿＿ a guitar?（コウジはギターをほしがっていますか。）

3人称単数とは

1人称（話し手・自分）と2人称（聞き手・相手）以外の，1人［1つ］の人［ものごと］のこと。
- 人…John, that girl, Mr. Suzuki, he, sheなど
- もの…the ball, this camera, this, thatなど
- こと…soccer, musicなど
- そのほか…Japan, Australiaなど

三単現

3人称単数現在形は三単現と略すことがある。

注意

3人称単数現在の否定文と疑問文では，動詞は原形（＝動詞のもとの形）になるので注意。

短縮形

- does not ⇒doesn't

疑問詞で始まる疑問文

〈疑問詞＋does＋主語＋動詞の原形〜？〉
- Where does Tom live?（トムはどこに住んでいますか。）
—He lives in Tokyo.（彼は東京に住んでいます。）

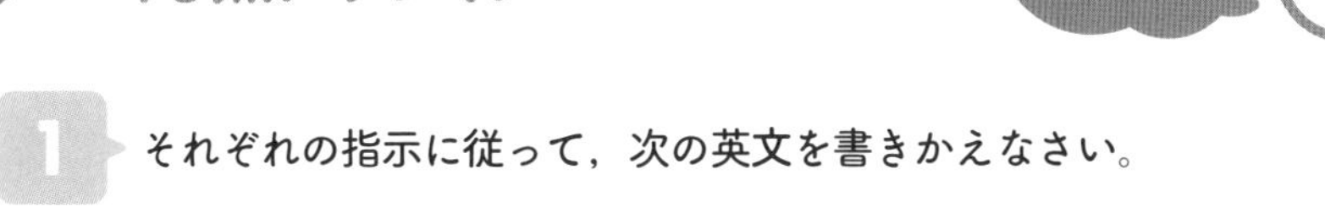

10点アップ！ 10分

1 それぞれの指示に従って，次の英文を書きかえなさい。

❶ She practices the piano every day.（否定文に）

❷ Jane has a bike.（疑問文に）

点UP ❸ He studies <u>in the library</u>.（下線部をたずねる疑問文に）

2 次の日本文に合うように，（　）内の語（句）を並べかえて書きなさい。ただし，文頭にくる語も小文字で示されています。

❶ そのイヌは速く走りますか。（ the dog / fast / run / does ）?

?

❷ ケイトは日本料理について知りません。
（ know / not / does / about / Kate ）Japanese food.

Japanese food.

❸ 父はよく山に行きます。
（ to / often / my father / the mountains / goes ）.

.

3 次のようなとき，英語でどのように言いますか。（　）内の語を使って英文を書きなさい。

❶ 相手にエミ（Emi）はロンドン（London）に住んでいることを伝えるとき。（ lives ）

❷ 相手にジム（Jim）はテニスが好きかとたずねるとき。（ does ）

ヒント

1 ❶❷
一般動詞を用いた現在の文で，主語が３人称単数の疑問文・否定文は，doesを使って表す。
practice（～を練習する）
hasはhaveの３人称単数現在形。

❸
「場所」をたずねる疑問文にするので，疑問詞を使う。

2 ❶
主語が３人称単数の，一般動詞を使った疑問文。

❷
主語が３人称単数の，一般動詞を使った否定文。

❸
oftenは頻度を表す副詞。位置に注意する。

3 ❶
主語は３人称単数。

❷
疑問文は動詞の形に注意。

別冊 p.08

A-10

3章

10 人やものを表す代名詞（人称代名詞・所有代名詞）

基本をチェック　10分

1 人称代名詞

音声再生 1-10

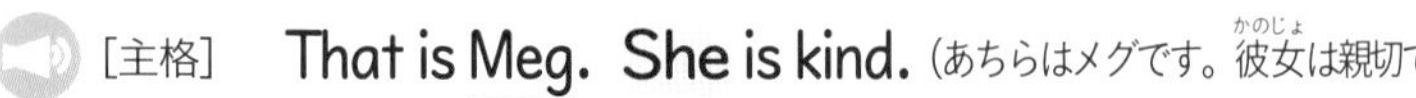

［主格］ That is Meg. She is kind.（あちらはメグです。彼女(かのじょ)は親切です。）

［所有格］ This is my camera.（これは私のカメラです。）

［目的格］ This is Bob. I like him.（こちらはボブです。私は彼(かれ)が好きです。）

> 人称(にんしょう)代名詞は代名詞の１つで，主格・所有格・目的格の３つの形がある。

主格…「～は［が］」の意味で，文の主語になる。

所有格…「～の」の意味で，所有を表す。名詞の前に置く。

目的格…「～を［に］」の意味で，動詞や前置詞の目的語になる。

数・格 / 人称	単数			複数		
	主格（～は［が］）	所有格（～の）	目的格（～を［に］）	主格（～は［が］）	所有格（～の）	目的格（～を［に］）
1人称	I	my	me	we	our	us
2人称	you	your	you	you	your	you
3人称	he/she/it	his/her/its	him/her/it	they	their	them

Mr. Suzuki teaches ① ＿＿＿＿. （鈴木(すずき)先生は彼［彼女］らに教えます。）

人称代名詞
代名詞は，名詞の代わりに使われる語。
人称代名詞は，「話し手（１人称）」「聞き手（２人称）」「それ以外（３人称）」の区別を表す代名詞で，名詞のくり返しをさけるために使われる。

2 所有代名詞

This book is hers.（この本は彼女のものです。）

> 所有代名詞は，「～のもの」という意味を表す代名詞。

	単数	複数
1人称	mine（私のもの）	ours（私たちのもの）
2人称	yours（あなたのもの）	yours（あなたたちのもの）
3人称	his（彼のもの）/hers（彼女のもの）	theirs（彼らのもの，彼女たちのもの）

It's ② ＿＿＿＿. （それは私のものです。）

所有代名詞
所有代名詞は１語で〈人称代名詞の所有格＋名詞〉のはたらきをする。

〈名詞＋'s〉の意味
①「～の」
②「～のもの」
- Ann's（アンの，アンのもの）
- my father's（私の父の，私の父のもの）

3 Whose ～?の文

Whose pen is this?（これはだれのペンですか。）

Whose is this pen?（このペンはだれのものですか。）

— It's mine. / It's my pen.（それは私のものです。/それは私のペンです。）

> Whose ～?で，「だれの…ですか」「…はだれのものですか」と所有者をたずねる。

③ ＿＿＿＿ eraser is this?（これはだれの消しゴムですか。）

答え方
所有代名詞か〈所有格＋名詞〉を使って，だれのものかを答える。

10点アップ！

1 次の各組の英文が同じ内容を表す文になるように，＿＿に適切な代名詞を書きなさい。

❶ This is my computer.
This computer is ＿＿＿＿＿.

❷ That girl is Miki. I like Miki.
That girl is Miki. I like ＿＿＿＿＿.

❸ Ben and I are classmates. Ben and I play baseball.
Ben and I are classmates. ＿＿＿＿＿ play baseball.

2 次の日本文に合うように，(　　)内の語(句)を並べかえて書きなさい。ただし，文頭にくる語も小文字で示されています。

❶ これはだれのギターですか。(guitar / is / whose) this?

＿＿＿＿＿＿＿＿＿＿ this?

❷ 彼女(かのじょ)は彼(かれ)の友達です。(his / is / friend / she).

＿＿＿＿＿＿＿＿＿＿.

点UP ❸ 彼らのために歌を歌いましょう。
(a song / let's / them / for / sing).

＿＿＿＿＿＿＿＿＿＿.

3 次のようなとき，英語でどのように言いますか。(　　)内の語を使って英文を書きなさい。

❶ 相手にこの自転車は自分のものであると伝えるとき。(bike)

＿＿＿＿＿＿＿＿＿＿

❷ 相手に自分は彼女といっしょに買い物に行くと伝えるとき。(with)

＿＿＿＿＿＿＿＿＿＿

ヒント

1 ❶ 「～の…」を「～のもの」と言いかえる。

❷ 動詞likeの目的語を人称(にんしょう)代名詞に書きかえる。

❸ 主格の人称代名詞に書きかえる。

2 ❶ 「だれのギター」に注目。語順をまちがえないように注意。

❷ 主語は「彼女は」である。

❸ 前置詞の目的語に人称代名詞がくる文。

3 ❶ 「私のもの」は所有代名詞1語で表す。

❷ 「買い物に行く」はgo shopping。

3章

11 3章 時刻・曜日・天候をたずねる疑問文

別冊 p.09

A-11

基本をチェック 10分

1 時刻のたずね方

音声再生 1-11

What time is it（主語）? (何時ですか。)
— It is[It's] eight twenty. (8時20分です。)

What time do you get up（一般動詞の疑問文）? (あなたは何時に起きますか。)
—(I get up) at six forty. (私は6時40分に起きます。)

> 「何時ですか」はWhat time is it?でたずねて，itを主語にして答える。

> 「何時に〜しますか」は〈What time＋do[does]＋主語＋動詞〜?〉でたずねて，〈(主語＋動詞＋) at＋時刻.〉の形で答える。

❶ ＿＿＿ ❷ ＿＿＿ do you have breakfast?
— ❸ ＿＿＿ seven. (あなたは何時に朝食を食べますか。—7時です。)

2 曜日・日付のたずね方

What day is it today? (今日は何曜日ですか。)
— It is[It's] Thursday. (木曜日です。)

What is[What's] the date today? (今日は何月何日ですか。)
— It is[It's] June 10. (6月10日です。)

> 「今日は何曜日ですか」はWhat day is it (today)?でたずねて，itを主語にして答える。

> 「今日は何月何日ですか」はWhat is[What's] the date (today)?でたずねて，itを主語にして答える。日付は序数を使って表す。

❹ ＿＿＿ ❺ ＿＿＿ is it today? (今日は何曜日ですか。)
❻ ＿＿＿ the date today? (今日は何月何日ですか。)

3 天候のたずね方

How is[How's] the weather? (天気はどうですか。)
— It is[It's] sunny. (晴れています。)

> 「天気はどうですか」はhowを使ってたずねて，itを主語にして答える。

❼ ＿＿＿ ❽ ＿＿＿ the weather? (天気はどうですか。)
— ❾ ＿＿＿ ❿ ＿＿＿ rainy. (雨が降っています。)

itの特別用法
時刻や曜日，日付，天候などを表す文では，主語をitにすることがある。このitに「それ」という意味はなく，ふつう日本語には訳さない。

「何時に〜しますか」の答えの文の〈主語＋動詞〉は省略してもよい。

「〜時ちょうど」の表し方
数字のあとにo'clockを付ける。
例 seven o'clock (7時ちょうど)

≫答え方
曜日の答え方は〈It is[It's]＋曜日名.〉。

日付の読み方
「日」は数字で表すこともあるが，序数で読む。
例 It's June 10.
⇒It's June tenth.

序数の例
1番目(の)…first
2番目(の)…second
3番目(の)…third
4番目(の)…fourth
5番目(の)…fifth
8番目(の)…eighth
11番目(の)…eleventh
20番目(の)…twentieth
21番目(の)…twenty-first

天候を表す語
- sunny (晴れの)
- cloudy (くもりの)
- rainy (雨降りの)

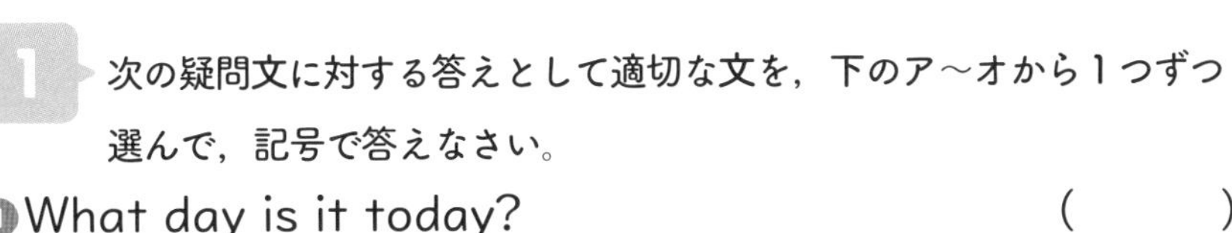

1 次の疑問文に対する答えとして適切な文を，下のア～オから１つずつ選んで，記号で答えなさい。

❶ What day is it today?　(　　　)
❷ How's the weather?　(　　　)
点UP ❸ What time do you leave home?　(　　　)
❹ What's the date today?　(　　　)
❺ What time is it now?　(　　　)

ア It's November 17.
イ It's Tuesday.
ウ It's three forty-five.
エ It's rainy.
オ At seven forty.

2 ❶，❷の指示に従って，次の英文を書きかえなさい。

It is three o'clock.（three o'clock に下線）

❶ 下線部をたずねる疑問文に。

____

❷ ❶の英文を日本語に。

(　　　　　　　　　　　　　　　　　　　　)

3 次のようなとき，英語でどのように言いますか。(　　)内の語を使って英文を書きなさい。

❶ 相手に今日の天気をたずねるとき。(weather)

____

❷ 相手に自分は７時30分に起きると伝えるとき。(get)

____

ヒント

1 ❶
曜日をたずねている。

❷
天候をたずねている。

❸
家を出発する時刻をたずねている。〈主語＋動詞〉を省略して，「～時…分に。」と時刻だけを答えてもよい。

2 ❶
時刻をたずねる疑問文。

3 ❶
「今日(today)」は時を表す副詞で，ふつう文末に置く。

❷
「私は７時30分に起きます。」という文を作る。

3章

12 3章 助動詞can

別冊 p.10

A-12

基本をチェック 10分

1 ふつうの文

1-12

I can play tennis.（私はテニスをすることができます。）

> 助動詞とは，動詞に意味を付け加える語。助動詞のcanは，「～(することが)できます」と可能の意味を動詞に付け加える。

> 動詞の前に置いて〈can＋動詞の原形〉の形で使う。

I ❶ ＿＿＿ ❷ ＿＿＿ fast.（私は速く走ることができます。）

2 否定文

She cannot[can't] speak Japanese.（彼女は日本語を話すことができません。）

> cannot[can't]を動詞の原形の前に置く。

He ❸ ＿＿＿ ❹ ＿＿＿ kanji.（彼は漢字を書くことができません。）

3 疑問文と答え方

[疑問文] Can Lisa play the guitar?（リサはギターを弾くことができますか。）

[答え方] Yes, she can.（はい，できます。）
No, she cannot[can't].（いいえ，できません。）

> canを主語の前に出し，〈Can＋主語＋動詞の原形～?〉の形でたずねる。

❺ ＿＿＿ you ❻ ＿＿＿ that bird?（あの鳥が見えますか。）

4 疑問詞で始まる疑問文

[疑問文] What can you cook?（あなたは何を料理することができますか。）

[答え方] I can cook curry.（私はカレーを料理することができます。）

> 疑問詞で文を始め，あとにcanの疑問文を続ける。

❼ ＿＿＿ ❽ ＿＿＿ swim well?（だれが上手に泳ぐことができますか。）

注意
主語が3人称単数のときのcanの文
canはcanのまま。動詞は原形。
× He cans play tennis.
× He can plays tennis.
○ He can play tennis.
（彼はテニスをすることができます。）

否定文にはcannotかcan'tを使う。ふつう，2語のcan notは使わない。

≫答え方
Yes / Noで答える。答える文にもcanを使う。

≫答え方
疑問詞のある疑問文は，Yes / Noを使わずに具体的に答える。

1 ❶，❷の指示に従って，次の英文を書きかえなさい。

Miyuki can play the piano.

❶ 疑問文に。

❷ ❶の疑問文にYesで答える。

2 次の日本文に合うように，(　　)内の語を並べかえて書きなさい。ただし，文頭にくる語も小文字で示されています。

❶ ジムは上手に絵を描(か)くことができます。

(pictures / can / well / draw / Jim).

.

❷ 私はこのカメラを使うことができません。

(use / I / camera / cannot / this).

.

点UP ❸ あなたはいつ私たちを手伝うことができますか。

(you / us / when / can / help)?

?

3 次のようなとき，英語でどのように言いますか。(　　)内の語を使って英文を書きなさい。

❶ 相手に自分は英語を話すことができると伝えるとき。(can)

❷ 相手にギターを弾(ひ)くことができるかとたずねるとき。(the)

ヒント

1 ❷ canの疑問文には，canを使って答える。

2 ❶ 「～できる」は〈can＋動詞の原形〉で表す。

❷ 否定文では，cannotのあとに動詞の原形がくる。

❸ 疑問詞のあとは疑問文の語順。

3 ❶ 「私は英語を話すことができます。」という文を作る。

❷ canの疑問文は，canを主語の前に出す。

3章

13 （4章）現在進行形

A-13

☑ 基本をチェック　10分

1 ふつうの文

1-13

[現在形]　He plays soccer.（彼(かれ)はサッカーをします。）

[現在進行形]　He（主語） is playing（〈be動詞＋動詞の -ing形〉） soccer now.

（彼は今，サッカーをしています。）

> 〈be動詞＋動詞の -ing形〉の形で進行中の動作を表す。

動詞の -ing形の作り方

ふつう	ingを付ける。	例 do⇒doing
語尾(ごび)がe	eをとってingを付ける。	例 make⇒making
語尾が〈短母音(たんぼいん)＋子音字(しいんじ)〉	子音字を重ねてingを付ける。	例 run⇒running

☑ They ❶ ＿＿＿ ❷ ＿＿＿.（彼らは歌っています。）

現在形は習慣の動作を表し，現在進行形は現在進行中の動作を表す。

⚠注意

現在進行形にならない動詞

knowやlikeのような状態や気持ちを表す動詞は，ふつう進行形にならない。

haveは「～を食べる」という意味では進行形になる。

2 否定文

Mary is not watching TV.（メアリーはテレビを見ていません。）

> be動詞のあとにnotを置く。

☑ She is ❸ ＿＿＿ ❹ ＿＿＿ now.（彼女(かのじょ)は今，勉強していません。）

3 疑問文と答え方

[ふつうの文]　Toshi（主語） is swimming（〈be動詞＋動詞の -ing形〉） now.（トシは今，泳いでいます。）

[疑問文]　Is（be動詞） Toshi（主語） swimming（動詞の -ing形） now?（トシは今，泳いでいますか。）

[答え方]　Yes, he is.（はい，泳いでいます。）

No, he is not [he's not / he isn't].

（いいえ，泳いでいません。）

[疑問詞を使った疑問文]　What（疑問詞） is he doing now?（彼は今，何をしていますか。）

> be動詞を主語の前に出し，〈be動詞＋主語＋動詞の -ing形～?〉の形でたずねて，be動詞の疑問文と同じように答える。

> 疑問詞で始まる疑問文は，あとに現在進行形の疑問文を続ける。

☑ ❺ ＿＿＿ they ❻ ＿＿＿ lunch?（彼らは昼食を食べていますか。）

≫答え方

疑問詞で始まる疑問文には，現在進行形を使って具体的に答える。

例 What are you doing now?
（あなたは今，何をしていますか。）
— I am reading a book.
（私は本を読んでいます。）

10点アップ！ 10分

1 それぞれの指示に従って，次の英文を書きかえなさい。

点UP ❶ Emi is studying math.（下線部をたずねる疑問文に）

❷ She is using the computer.（否定文に）

2 次の日本文に合うように，（　）内の語（句）を並べかえて書きなさい。ただし，文頭にくる語も小文字で示されています。

❶ ビルは神社で写真をとっています。
(is / pictures / Bill / in / taking) the shrine.

______ the shrine.

❷ あなたのお兄さんはレストランで働いていますか。
(your brother / working / at / is) a restaurant?

______ a restaurant?

❸ 彼女（かのじょ）は今，手紙を書いていません。
(writing / is / she / a letter / not) now.

______ now.

3 次のようなとき，英語でどのように言いますか。（　）内の語を使って英文を書きなさい。

❶ 相手に自分は今，本を読んでいると伝えるとき。(reading)

❷ 相手に今，何をしているかとたずねるとき。(what)

ヒント

1 ❶
「何」を勉強しているかをたずねる文にする。

❷
現在進行形の否定文は，ふつうのbe動詞の否定文と同じように，be動詞のあとにnotを置く。

2 ❶
現在進行形の文なので，〈be動詞＋動詞の-ing形〉で表す。

❷
現在進行形の疑問文は，〈be動詞＋主語＋動詞の-ing形～？〉で表す。

3 ❶
現在進行中の動作を表すには〈be動詞＋動詞の-ing形〉にする。

❷
疑問詞のあとに，現在進行形の疑問文を続ける。

解答 別冊 p.11
さくっとマルつけ A-14

14 4章 会話表現①

基本をチェック 10分

1 日常でよく使われる表現

音声再生 1-14

Thank you.（ありがとうございます。）
— You're welcome.（どういたしまして。）
Thank you for your letter.（お手紙をありがとうございます。）
I'm sorry.（ごめんなさい。）— It's OK.（いいですよ。）
Excuse me.（すみません。）
Goodbye.（さようなら。）/ Bye.（さようなら。）/ See you.（またね。）

> Thank you. はお礼の表現。何についてのお礼なのかは，Thank you for ～. で表す。返答の You're welcome. とセットで覚えておく。

> Excuse me. は人に話しかけるときの表現。

❶ ______ you ❷ ______ your e-mail.
（Eメールをありがとうございます。）

I'm ❸ ______. — It's ❹ ______.
（ごめんなさい。—いいですよ。）

thank(s) を使った表現
- Thank you very much.
（どうもありがとうございます。）
- Thanks.
（ありがとう。）
- Thanks for ～.
（～をありがとう。）

主語の省略
I'm sorry. や It's OK. は主語と be 動詞を省略してもよい。
- Sorry.
（ごめんなさい。）
— OK.
（いいですよ。）

2 電話での会話表現

Hello.（もしもし。）
This is Jim.（ジムです。）
Can I speak to Saki, please?（サキをお願いできますか。）
— Speaking.（私です。）/ Wait a minute.（少々お待ちください。）

> 電話をかけるときや電話に出るときは，Hello を使う。

> 電話で自分の名前を名乗るときは〈This is＋名前.〉と言う。〈I am＋名前.〉と言わないように注意。

> 電話で話したい相手を呼び出してほしいときは，Can I speak to ～? で表す。本人が電話をとったときは，Speaking. と応じる。

❺ ______. ❻ ______ is Kota.（もしもし。コウタです。）
❼ ______ I ❽ ______ to Meg?（メグをお願いします。）
— ❾ ______.（私です。）

please を付けると，よりていねいな表現になる。
例 Please call again tomorrow.
（また明日，電話してください。）

電話に出たのが本人ではなく取り次ぐときは，Wait a minute.（少々お待ちください。）などの表現を使う。

10点アップ！ 10分

1 次の英文を日本語にしなさい。

❶ Thank you.

(　　　　　　　　　　　　　　　　)

❷ You're welcome.

(　　　　　　　　　　　　　　　　)

❸ Excuse me.

(　　　　　　　　　　　　　　　　)

❹ Wait a minute.

(　　　　　　　　　　　　　　　　)

2 次の日本文に合うように，(　　)内の語を並べかえて書きなさい。ただし，文頭にくる語も小文字で示されています。

❶ Eメールをありがとうございます。

(e-mail / for / you / your / thank).

______________________________.

点UP ❷ メグをお願いできますか。

(to / I / can / Meg / speak), please?

______________________________, please?

3 次のようなとき，英語でどのように言いますか。(　　)内の語を使って英文を書きなさい。

❶ 相手にお礼を言われて返答するとき。(welcome)

____

❷ 相手に謝(あやま)るとき。(I'm)

____

ヒント

1 ❶❷
Thank you.
— You're welcome.
は，お礼とそれに対する返答の表現。

❸
Excuse me.は人に話しかけるときの表現。

2 ❷
電話で「～をお願いできますか。」と言うときの表現。

3 ❶
「どういたしまして。」の表現は，Thank you.とセットで覚えておく。

❷
「ごめんなさい。」の表現。

15 4章
会話表現②

別冊 p.12

A-15

基本をチェック 10分

1 道案内で使う表現

音声再生 1-15

Where is the hospital?（病院はどこですか。）

Go down this street.（この通りを行ってください。）

Turn right[left] at the corner.（その角で右[左]に曲がってください。）

> Where is ～? は場所をたずねる表現。

> Go down this street. や Turn right[left] at ～. のように，命令文を使うことが多い。

道案内でよく使われる表現

- How can I get to ～?（～へはどう行けばいいですか。）
- It's on your right [left].（右手［左手］にあります。）

❶ ______ is the park?（公園はどこですか。）

❷ ______ right ❸ ______ the first traffic light.

（最初の信号で右に曲がってください。）

2 買い物で使う表現

Can I help you?（いらっしゃいませ。[お手伝いしましょうか。]）

How about this one?（こちらはいかがですか。）

I'm looking for a bag.（私はかばんを探しています。）

How much is it?（それはいくらですか。）

Here you are.（はい，どうぞ。）

> Can I help you? は，店員が客に声をかけるときの決まり文句。

> How about ～? は店員が客に商品をすすめるときの表現。

> I'm looking for ～. は探している商品を店員に伝える表現。

> How much ～? は値段をたずねる表現。答えるときは，It を主語にして be動詞を使って答える。

> Here you are. は，ものや代金を手渡(てわた)すときの表現。

買い物でよく使われる表現

- Do you have ～?（～はありますか。）
- What color do you want?（どんな色をお望みですか。）
- No, thank you. I'm just looking.（いいえ，けっこうです。見ているだけです。）

I'm ❹ ______ ❺ ______ a cap.（私は帽子(ぼうし)を探しています。）

❻ ______ ❼ ______ is this bag?（このかばんはいくらですか。）

❽ ______ forty dollars.（40ドルです。）

❾ ______ you ❿ ______ .（（ものを差し出して）はい，どうぞ。）

10点アップ！ 10分

1 次の英文を日本語にしなさい。

❶ Can I help you?

(　　　　　　　　　　　　　　　　　　　　)

❷ Where is the station near here?

(　　　　　　　　　　　　　　　　　　　　)

❸ How can I get to the museum?

(　　　　　　　　　　　　　　　　　　　　)

❹ I'm looking for a camera.

(　　　　　　　　　　　　　　　　　　　　)

2 次の日本文に合うように，(　　)内の語を並べかえて書きなさい。ただし，文頭にくる語も小文字で示されています。

❶ このかばんはいくらですか。

(this / how / bag / is / much)?

____________________________________?

点UP ❷ 3番目の信号で左に曲がってください。

(at / left / third / turn / the / traffic / light).

____________________________________.

3 次のようなとき，英語でどのように言いますか。(　　)内の語を使って英文を書きなさい。

❶ 相手に図書館の場所をたずねるとき。(where)

____

❷ 店員に自分はかさを探していると伝えるとき。(I'm)

____

ヒント

1 ❶ 店員が客に声をかけるときに使う表現。

❷ 場所をたずねる表現の1つ。near here =「この近くの」

2 ❶ 値段をたずねる表現。

❷ 命令文を使う。

3 ❶ 疑問詞のあとは，疑問文の語順になる。

❷ 「～を探す」 はlook for ～。

16 4章 会話表現③

別冊 p.13

A-16

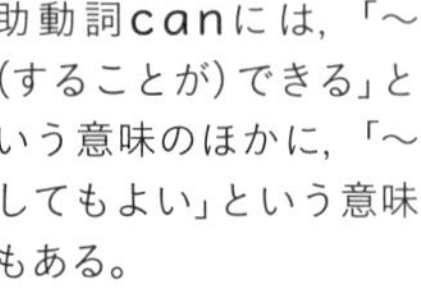

基本をチェック 10分

1 許可を求める表現・依頼する表現

音声再生 1-16

Can I open the window?（窓を開けてもよいですか。）
— Sure.（もちろん。）

Can you help me with my homework?
（宿題を手伝ってくれませんか。）
— All right.（いいですよ。）
— Sorry, (but) I can't. I'm studying now.
（すみませんが，できません。私は今，勉強しています。）

> Can I ～?は「～してもよいですか」と許可を求める表現。
> Can you ～?は「～してくれませんか」と依頼（いらい）する表現。

許可のcan
助動詞canには，「～（することが）できる」という意味のほかに，「～してもよい」という意味もある。

依頼を断るときは，理由も言うとよい。

❶ ______ ❷ ______ use the dictionary?
（その辞書を使ってもよいですか。）
❸ ______ ❹ ______ open the door?
（ドアを開けてくれませんか。）
— All ❺ ______ .（いいですよ。）

2 体調をたずねる表現

How are you?（お元気ですか。/ 調子はどうですか。）
— I'm fine.（私は元気です。）/ Not so good.（あまりよくありません。）

What's wrong?（どうかしたのですか。）
— I have a headache.（頭が痛いです。）

That's too bad.（お気の毒に。）

Take a rest.（ひと休みしなさい。）

> How are you?は体調や調子をたずねる決まり文句。
> What's wrong?は体調が悪そうな人に具合をたずねる表現。答えるときは，具体的な症状（しょうじょう）を答える。
> That's too bad.は，体調が悪い相手に対して使う表現。
> Take a rest.のrestは「休息」という意味の名詞。

そのほかの表現
- Are you OK?（大丈夫（だいじょうぶ）ですか。）
- What's the matter?（どうしましたか。）
- I have a stomachache.（おなかが痛いです。）
- I have a cold.（かぜをひいています。）
- I feel cold.（寒気がします。）
- Go home and rest.（家に帰って休みなさい。）

❻ ______ ❼ ______ a fever.（私は熱があります。）
❽ ______ a rest.（ひと休みしなさい。）

10点アップ！ 10分

1 次の英文を日本語にしなさい。

❶ I'm fine.

(　　　　　　　　　　　　　　　　)

❷ What's wrong?

(　　　　　　　　　　　　　　　　)

点UP ❸ Can I eat this cake?

(　　　　　　　　　　　　　　　　)

❹ Can you help us?

(　　　　　　　　　　　　　　　　)

2 次の日本文に合うように，(　　)内の語を並べかえて書きなさい。ただし，文頭にくる語も小文字で示されています。

❶ 私はかぜをひいています。(cold / a / I / have).

＿＿＿＿＿＿＿＿＿＿＿＿＿＿＿＿＿＿.

❷ ドアを開けてもよいですか。(I / open / door / the / can)?

＿＿＿＿＿＿＿＿＿＿＿＿＿＿＿＿＿＿?

3 次のようなとき，英語でどのように言いますか。(　　)内の語を使って英文を書きなさい。

点UP ❶ 相手に相手の消しゴムを使ってもよいかと許可を求めるとき。(use)

＿＿＿＿＿＿＿＿＿＿＿＿＿＿＿＿＿＿

❷ 体調が悪そうな相手に具合をたずねるとき。(wrong)

＿＿＿＿＿＿＿＿＿＿＿＿＿＿＿＿＿＿

ヒント

1 ❷ 相手の具合をたずねる表現の1つ。

❸ 「(私は)～してもよいですか。」という許可を求める文。

❹ 「(あなたは)～してくれませんか。」という依頼(いらい)を表す文。

2 ❶ 「かぜ」はcold。

❷ 許可を求めるときは，助動詞canの疑問文の形でたずねる。

3 ❶ 「あなたの消しゴムを使ってもよいですか。」という文を作る。

❷ 「どうかしたのですか。」と体調をたずねる表現。

4章

17

(5章)

一般動詞の過去形①（規則動詞）

A-17

基本をチェック

10分

1 一般動詞の過去形

音声再生 1-17

Paul played tennis last Saturday.（played: 動詞の過去形）

（ポールはこの前の土曜日にテニスをしました。）

＞動詞を過去形にして「～しました」という過去の動作・状態を表す。

＞一般動詞は，過去形の形によって規則動詞と不規則動詞に分けられる。

規則動詞の過去形の作り方

ふつう	edを付ける。	例 cook⇒cooked
語尾がe	dを付ける。	例 live⇒lived
語尾が〈子音字＋y〉	yをiにかえてedを付ける。	例 study⇒studied
語尾が〈短母音＋子音字〉	子音字を重ねてedを付ける。	例 stop⇒stopped

(e)dの発音
- [d ド] played, usedなど
- [t ト] cooked, watchedなど
- [id ィド] waited, wantedなど

I ①＿＿＿＿ Nara yesterday.（私は昨日，奈良を訪れました。）

2 一般動詞の過去の文

[現在の文] I clean the room every day.（clean: 現在形）（私は毎日，部屋を掃除します。）

[過去の文] I cleaned the room yesterday.（cleaned: 過去形）
（私は昨日，部屋を掃除しました。）

[主語が3人称単数の文] She cleaned the room yesterday.
（彼女は昨日，部屋を掃除しました。）

＞〈主語＋動詞の過去形～.〉の形で「…は～しました」の意味を表す。

He ②＿＿＿＿ the room yesterday.
（彼は昨日，部屋を掃除しました。）

主語が3人称単数でも複数でも過去形は同じ。
⇒They cleaned the room yesterday.
（彼らは昨日，部屋を掃除しました。）

3 過去を表す語（句）

Miho lived in Osaka three years ago.

（ミホは3年前，大阪に住んでいました。）

＞過去を表す語句は，文末に置かれることが多い。

I studied math ③＿＿＿＿ ④＿＿＿＿.

（私は昨夜，数学を勉強しました。）

過去を表す語（句）
- yesterday（昨日）
- yesterday morning（昨日の朝）
- last ～（昨～，この前の～）
- ～ ago（～前に）
  - last night（昨夜）
  - last week（先週）
  - last Monday（この前の月曜日）
  - last winter（この前の冬）
  - an hour ago（1時間前に）

10点アップ！ 10分

1 次の（　）内の語を適切な形になおして，＿＿に書きなさい。

❶ We ＿＿＿＿＿ the room yesterday. (clean)

点UP ❷ My father ＿＿＿＿＿ his car on Sundays. (wash)

❸ He ＿＿＿＿＿ lunch last Saturday. (cook)

❹ She ＿＿＿＿＿ the bike two hours ago. (use)

2 次の英文の下線部を（　）内の語（句）にかえて，全文を書きかえなさい。

❶ I study English <u>every day</u>. (yesterday)

❷ They play basketball <u>on Saturdays</u>. (three days ago)

❸ She watches a movie <u>every weekend</u>. (last Wednesday)

❹ My mother walks in the park <u>every</u> morning. (yesterday)

3 次のようなとき，英語でどのように言いますか。（　）内の語を適切な形になおして，英文を書きなさい。

❶ 相手に自分はこの前の土曜日サッカーをしたと伝えるとき。(play)

点UP ❷ 相手に自分は昨日数学を勉強したと伝えるとき。(study)

ヒント

1 ❶❸❹
文末に過去を表す語（句）があるので，動詞を過去形にする。
～ ago（～前に）

❷
on Sundaysのように曜日が複数形になると「日曜日に（はいつも）」という意味になり，現在の習慣を表すと考える。

2 ❸❹
主語が3人称(にんしょう)単数でも，過去形は動詞の原形にedを付けた形になる。

❹
yesterday morningは「昨日の朝」という意味になる。

3 ❶
「この前の～」はlast ～で表す。

❷
studyの過去形に注意。

5章

18 5章

一般動詞の過去形②(got, wrote, went, cameなど)

別冊 p.14

A-18

基本をチェック 10分

1 不規則動詞の過去形

1-18

[現在の文] I get(現在形) up at six every morning.
(私は毎朝，6時に起きます。)

[過去の文] I got(過去形) up at six this morning. (私は今朝, 6時に起きました。)

> 不規則動詞は，過去形を作るときに不規則に変化する動詞のこと。

不規則動詞の過去形

come⇒came	go⇒went	run⇒ran	write⇒wrote
do⇒did	have⇒had	sit⇒sat	teach⇒taught
get⇒got	meet⇒met	see⇒saw	make⇒made

I ① ______ to the museum. (私は美術館へ行きました。)

不規則動詞の過去形
文の形と意味は，規則動詞の過去形の文と同じ。

2 一般動詞の過去の否定文

[ふつうの文] He wrote(過去形) a letter yesterday.
(彼(かれ)は昨日，手紙を書きました。)

[否定の文] He did not[didn't] write(動詞の原形) a letter yesterday.
(彼は昨日，手紙を書きませんでした。)

> 動詞の原形の前にdid not[didn't]を置く。

I ② ______ ③ ______ math last night.
(私は昨夜，数学を勉強しませんでした。)

注意
一般動詞の過去の否定文と疑問文の作り方は，規則動詞も不規則動詞も同じ。

注意
主語が3人称(にんしょう)単数でも複数でも，〈主語+did not[didn't]+動詞の原形〉の形はかわらない。

3 一般動詞の過去の疑問文

[疑問文] Did he(主語) come(動詞の原形) to school? (彼は学校に来ましたか。)

[答え方] Yes, he did. (はい，来ました。)
No, he did not[didn't]. (いいえ，来ませんでした。)

[疑問詞を使った疑問文] What(疑問詞) did you do last weekend?
(あなたは先週末，何をしましたか。)

> Didを主語の前に置き，〈Did+主語+動詞の原形〜?〉の形でたずねる。答えるときはdidを使ってYes / Noで答える。

④ ______ he ⑤ ______ to school? (彼は学校に行きましたか。)

注意
疑問詞で始まる疑問文は，あとに過去の疑問文を続ける。

»答え方
疑問詞で始まる疑問文に答えるときは，動詞の過去形を使って具体的に答える。
• Where did you go yesterday?
(あなたは昨日，どこに行きましたか。)
— I went to the library.
(私は図書館へ行きました。)

10点アップ！ 10分

1 ❶～❸の指示に従って，次の英文を書きかえなさい。

Ben went to the park last Sunday.

❶ 疑問文に。

❷ ❶の疑問文にNoで答える。

点UP ❸ 下線部をたずねる疑問文に。

2 次の日本文に合うように，(　　)内の語(句)を並べかえて書きなさい。ただし，文頭にくる語も小文字で示されています。

❶ 私は昨日，駅でユイに会いました。

(at / I / met / the station / Yui) yesterday.

________ yesterday.

❷ 彼女(かのじょ)は今朝，早く起きませんでした。

(up / she / not / get / early / did) this morning.

________ this morning.

3 次のようなとき，英語でどのように言いますか。(　　)内の語を使って英文を書きなさい。

❶ 相手に自分は先月オーストラリア(Australia)へ行ったと伝えるとき。(went)

❷ 相手に昨日宿題をしたかとたずねるとき。(did)

ヒント

1 ❶❷

一般(いっぱん)動詞の過去の疑問文は，didを使って表す。答えるときもdidを使う。

❸

「どこ」へ行ったかを，疑問詞を使ってたずねる。

2 ❷

一般動詞の過去の否定文なので，did notを使って表す。

3 ❶

wentはgoの過去形。

❷

「あなたは昨日，(あなたの)宿題をしましたか。」という文を作る。

5章

19 5章 be動詞の過去形

別冊 p.15

A-19

10分

1 ふつうの文

音声再生 1-19

[現在の文] I am(be動詞の現在形) busy now. (私は今，忙しいです。)

[過去の文] I was(be動詞の過去形) busy this morning. (私は今朝，忙しかったです。)

- be動詞を過去形にして「～でした」「(～に)いました」という過去の状態や存在を表す。
- amとisの過去形はwas，areの過去形はwereになる。

We ① ＿＿＿＿ classmates last year. (私たちは昨年，同級生でした。)

be動詞のあとの語（句）
be動詞のあとには名詞や形容詞，場所を表す語句が続く。
- He was a doctor. (彼は医者でした。)
- I was busy. (私は忙しかったです。)
- We were in the library. (私たちは図書館にいました。)

2 否定文

[ふつうの文] It was rainy yesterday. (昨日は雨が降っていました。)

[否定文] It was not[wasn't] rainy yesterday. (昨日は雨が降っていませんでした。)

- be動詞の過去形(was，were)のあとにnotを置く。

Paul ② ＿＿＿＿ at home then. (ポールはそのとき，家にいませんでした。)

短縮形
- was not ⇒ wasn't
- were not ⇒ weren't

3 疑問文と答え方

[ふつうの文] You were tired last night. (あなたは昨夜，疲れていました。)

[疑問文] Were you tired last night? (あなたは昨夜，疲れていましたか。)

[答え方] Yes, I was. (はい，疲れていました。)
No, I was not[wasn't]. (いいえ，疲れていませんでした。)

[疑問詞を使った疑問文] Where(疑問詞) were you yesterday morning? (あなたは昨日の朝，どこにいましたか。)

- be動詞の過去形(was，were)を主語の前に置く。
- 答える文は，was，wereを使ってYes / Noで答える。
- 疑問詞で始まる疑問文は，あとにwas，wereの疑問文を続ける。

③ ＿＿＿＿ ④ ＿＿＿＿ busy? (あなたは忙しかったのですか。)

>> 答え方
〈疑問詞＋was[were]＋主語～?〉の疑問文には過去形を使って具体的に答える。
- Why were you busy? (あなたはなぜ忙しかったのですか。)
— Because I had a test. (テストがあったからです。)

10点アップ！ 10分

1 ❶〜❸の指示に従って，次の英文を書きかえなさい。

It was cloudy this morning.

❶ 否定文に。

❷ ❶の英文を日本語に。

（　　　　　　　　　　）

❸ 下線部をtodayにかえて，現在の文に。

2 ❶〜❸の指示に従って，次の英文を書きかえなさい。

The movie was interesting.

❶ 疑問文に。

❷ ❶の疑問文にNoを使って３語で答える。

点UP ❸ 下線部をたずねる疑問文に。

3 次のようなとき，英語でどのように言いますか。（　　）内の語を使って英文を書きなさい。

❶ 相手に今朝雨が降っていたと伝えるとき。（ rainy ）

❷ 相手に昨日家にいたかとたずねるとき。（ were, at ）

ヒント

1 ❶
be動詞の過去の否定文は，be動詞のあとにnotを置く。

❸
be動詞を現在形にする。

2 ❶
be動詞の過去の疑問文は，〈Was[Were]＋主語 〜?〉の語順。

❷
be動詞の過去の疑問文には，was[were]を使って答える。３語という指定があるので短縮形のwasn'tを使う。

❸
様子や具合をたずねる疑問文にする。

3 ❶
天候を表す文の主語はitにする。

❷
「あなたは昨日，家にいましたか。」という文を作る。

5章

20 過去進行形

別冊 p.16

A-20

基本をチェック

1 ふつうの文

音声再生

1-20

[現在進行形] He is playing tennis now.（be 動詞の現在形＋動詞の -ing 形）

（彼(かれ)は今，テニスをしています。）

[過去進行形] He was playing tennis at that time.（be 動詞の過去形＋動詞の -ing 形）

（彼はそのとき，テニスをしていました。）

> 過去のあるときに進行中だった動作を表す。

> be動詞の過去形（was，were）のあとに動詞の -ing形を続ける。

Meg ❶ ＿＿＿＿ ❷ ＿＿＿＿ to music.

（メグは音楽を聞いているところでした。）

2 否定文

We were not[weren't] watching TV.

（私たちはテレビを見ていませんでした。）

> be動詞の過去形のあとにnotを置く。

She was ❸ ＿＿＿＿ ❹ ＿＿＿＿ then.

（彼女(かのじょ)はそのとき，眠(ねむ)っていませんでした。）

3 疑問文と答え方

[疑問文] Was（be動詞） Ken（主語） swimming（動詞の -ing形） at that time?

（ケンはそのとき，泳いでいましたか。）

[答え方] Yes, he was.（はい，泳いでいました。）

No, he was not[wasn't].（いいえ，泳いでいませんでした。）

[疑問詞を使った疑問文] What（疑問詞） was he doing then?

（彼はそのとき，何をしていましたか。）

> be動詞を主語の前に出し，〈Was[Were]＋主語＋動詞の -ing形～?〉の形でたずねて，be動詞の過去の疑問文と同じように答える。

> 疑問詞で始まる疑問文は，あとに過去進行形の疑問文を続ける。

❺ ＿＿＿＿ he ❻ ＿＿＿＿ ?（彼は勉強していましたか。）

動詞の -ing形（復習）

- 語尾にingを付ける
  play⇒playing
- eをとってingを付ける
  make⇒making
- 子音字(しいんじ)を重ねてingを付ける
  run⇒running

注意

過去のある時点を表す語（句）は，文末に置かれることが多い。

答え方

疑問詞で始まる過去進行形の疑問文には，過去進行形を使って答える。

- What were you doing at that time?
  （あなたはそのとき，何をしていましたか。）
  — I was reading a book.
  （私は本を読んでいました。）

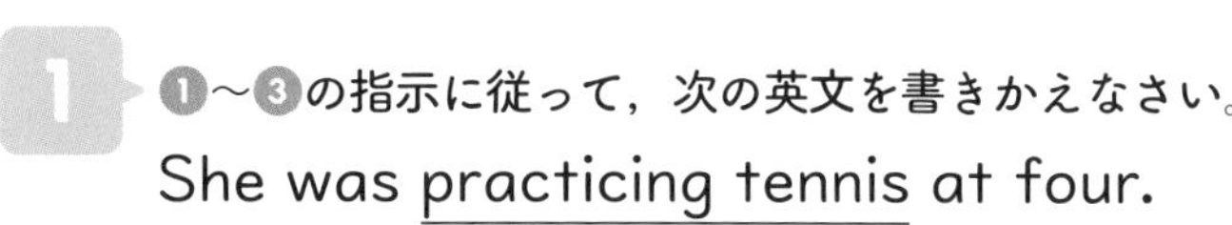

1 ❶～❸の指示に従って，次の英文を書きかえなさい。

She was practicing tennis at four.

❶ 疑問文に。

❷ ❶の疑問文にNoを使って3語で答える。

点UP ❸ 下線部をたずねる疑問文に。

2 ❶～❸の指示に従って，次の英文を書きかえなさい。

It was raining at that time.

❶ 否定文に。

❷ ❶の英文を日本語に。

(　　　　　　　　　　)

❸ 下線部をnowにかえて，現在進行形の文に。

3 次のようなとき，英語でどのように言いますか。(　　)内の語を使って英文を書きなさい。

❶ 相手に7時に何をしていたかとたずねるとき。(what)

❷ 相手に自分はそのとき自分の部屋を掃除(そうじ)していたと伝えるとき。(time)

ヒント

1 ❶
現在進行形の疑問文と同じ語順だと考えればよい。

❷
過去進行形の疑問文には，wasかwereを使って答える。3語という指定があるので短縮形のwasn'tを使う。

❸
「何をしていたか」をたずねる疑問文となる。

2 ❶
過去進行形の否定文は，現在進行形の否定文と同じように，be動詞のあとにnotを置く。

❷
過去進行形の否定文は「～していませんでした」という意味になる。

❸
be動詞を現在形にする。

3 ❶
「～時に」は〈at＋時刻(＋o'clock)〉で表す。

❷
「掃除する」＝clean

5章

重要英文のまとめ

1章

❶ am, areの文（be動詞①）

□ 1 I am in the library.　私は図書館にいます。
□ 2 You are kind.　あなたは親切です。
□ 3 You are not right.　あなたは正しくありません。
□ 4 Are you ready? — Yes, I am.　あなたは準備ができていますか。— はい，できています。

❷ This is ～. / That is ～.の文（be動詞②）

□ 1 This is my guitar.　これは私のギターです。
□ 2 That is a computer.　あれはコンピューターです。
□ 3 That is not a violin.　あれはバイオリンではありません。
□ 4 Is this a camera? — No, it isn't.　これはカメラですか。— いいえ，ちがいます。

❸ He is ～. / She is ～.の文（be動詞③）

□ 1 This is Koji. He is my brother.　こちらはコウジです。彼は私の兄［弟］です。
□ 2 That is Ms. Brown. She's from America.　あちらはブラウン先生です。彼女はアメリカ出身です。
□ 3 He isn't a singer.　彼は歌手ではありません。
□ 4 Is she cute? — Yes, she is.　彼女はかわいいですか。— はい，かわいいです。

❹ I play ～.などの文（一般動詞の現在の文）

□ 1 You often study English.　あなたは英語をよく勉強します。
□ 2 I do not speak Japanese.　私は日本語を話しません。
□ 3 Do you watch TV every day? — No, I don't.　あなたは毎日テレビを見ますか。— いいえ，見ません。

2章

❺ 名詞の複数形

□ 1 I need two eggs and three tomatoes.　私は2つの卵と3つのトマトが必要です。
□ 2 How many sisters do you have?　あなたは何人の姉妹がいますか。
□ 3 I want some friends.　私は友達が何人かほしいです。

❻ 命令文

□ 1 Help us, please.　私たちを手伝ってください。
□ 2 Don't eat too much.　食べ過ぎてはいけません。
□ 3 Be quiet.　静かにしなさい。
□ 4 Don't be late.　遅れてはいけません。
□ 5 Let's sit here.　ここに座りましょう。

❼ さまざまな疑問文①（what, who, where, when）

□ 1 What is that? — It's a shrine.　あれは何ですか。— それは神社です。
□ 2 What do you like?　あなたは何が好きですか。
□ 3 Who is she?　彼女はだれですか。
□ 4 When do you go to bed?　あなたはいつ寝ますか。

❽ さまざまな疑問文②（which, how, why, what ～, how ～）

□ 1 Which is your ball?　どちらがあなたのボールですか。
□ 2 How do you use it?　それはどうやって使うのですか。
□ 3 What color do you like?　あなたは何色が好きですか。

3章

❾ He plays ～.などの文（一般動詞の3人称単数現在形の文）

□ 1 Ms. Sato teaches science.　佐藤先生は理科を教えます。
□ 2 Jane doesn't have a bike.　ジェーンは自転車を持っていません。
□ 3 Does Koji want a guitar?　コウジはギターをほしがっていますか。

❿ 人やものを表す代名詞（人称代名詞・所有代名詞）

□ 1 Mr. Suzuki teaches them.　鈴木先生は彼［彼女］らに教えます。
□ 2 It's mine.　それは私のものです。
□ 3 Whose eraser is this?　これはだれの消しゴムですか。

⑪ 時刻・曜日・天候をたずねる疑問文

□ 1 What time do you have breakfast? — At seven.　あなたは何時に朝食を食べますか。— 7時です。
□ 2 What day is it today?　今日は何曜日ですか。
□ 3 What's the date today?　今日は何月何日ですか。
□ 4 How is the weather? — It is rainy.　天気はどうですか。— 雨が降っています。

⑫ 助動詞can

□ 1 I can run fast.　私は速く走ることができます。
□ 2 He cannot[can't] write kanji.　彼は漢字を書くことができません。
□ 3 Can you see that bird?　あの鳥が見えますか。
□ 4 Who can swim well?　だれが上手に泳ぐことができますか。

4章

⑬ 現在進行形

□ 1 They are singing.　彼らは歌っています。
□ 2 She is not studying now.　彼女は今，勉強していません。
□ 3 Are they eating[having] lunch?　彼らは昼食を食べていますか。

⑭ 会話表現①

□ 1 Thank you for your e-mail.　Eメールをありがとうございます。
□ 2 I'm sorry. — It's OK.　ごめんなさい。— いいですよ。
□ 3 Hello. This is Kota.　もしもし。コウタです。
□ 4 Can I speak to Meg? — Speaking.　メグをお願いします。— 私です。

⑮ 会話表現②

□ 1 Where is the park?　公園はどこですか。
□ 2 Turn right at the first traffic light.　最初の信号で右に曲がってください。
□ 3 I'm looking for a cap.　私は帽子を探しています。
□ 4 How much is this bag?　このかばんはいくらですか。
□ 5 It's forty dollars.　40ドルです。
□ 6 Here you are.　(ものを差し出して)はい，どうぞ。

⑯ 会話表現③

□ 1 Can I use the dictionary?　その辞書を使ってもよいですか。
□ 2 Can you open the door? — All right.　ドアを開けてくれませんか。— いいですよ。
□ 3 I have a fever.　私は熱があります。
□ 4 Take a rest.　ひと休みしなさい。

5章

⑰ 一般動詞の過去形①(規則動詞)

□ 1 I visited Nara yesterday.　私は昨日，奈良を訪れました。
□ 2 He cleaned the room yesterday.　彼は昨日，部屋を掃除しました。
□ 3 I studied math last night.　私は昨夜，数学を勉強しました。

⑱ 一般動詞の過去形②(got, wrote, went, cameなど)

□ 1 I went to the museum.　私は美術館へ行きました。
□ 2 I didn't study math last night.　私は昨夜，数学を勉強しませんでした。
□ 3 Did he go to school?　彼は学校に行きましたか。

⑲ be動詞の過去形

□ 1 We were classmates last year.　私たちは昨年，同級生でした。
□ 2 Paul wasn't at home then.　ポールはそのとき，家にいませんでした。
□ 3 Were you busy?　あなたは忙しかったのですか。

⑳ 過去進行形

□ 1 Meg was listening to music.　メグは音楽を聞いているところでした。
□ 2 She was not sleeping then.　彼女はそのとき，眠っていませんでした。
□ 3 Was he studying?　彼は勉強していましたか。

□ 執筆協力　木村由香

□ 編集協力　㈱カルチャー・プロ　阿久津菜花　坂東啓子

□ 本文デザイン　細山田デザイン事務所（細山田光宣　南 彩乃　室田 潤）

□ 本文イラスト　ユア

□ DTP　㈱明友社

□ 音声収録　一般財団法人 英語教育協議会 (ELEC)

シグマベスト
定期テスト
超直前でも平均 +10点ワーク
中1英語

編　者　文英堂編集部

発行者　益井英郎

印刷所　株式会社加藤文明社

発行所　株式会社文英堂

〒601-8121　京都市南区上鳥羽大物町28
〒162-0832　東京都新宿区岩戸町17
(代表)03-3269-4231

●落丁・乱丁はおとりかえします。

Σ BEST シグマベスト

定期テスト超直前でも 平均+10点ワーク

【解答と解説】

中1
英語

文英堂

1章

❶am, areの文（be動詞①）

✔ 基本をチェック

❶am　❷are
❸are　❹not
❺Are　❻am

10点アップ！

1 ❶You are
❷Are you / I'm not
❸am not

2 ❶I am a soccer player(.)
❷Are you a teacher(?)
❸I am not from Canada(.)

3 ❶I am[I'm] ready.
❷You are not[You're not / You aren't] late.

解説

1 ❶主語をyouにするので，be動詞もそれに合わせてareにする。
❷Are you ～? の疑問文には，Iとamを使って答える。空所の数から，短縮形のI'mを使う。
❸否定文にするには，be動詞のあとにnotを置く。

日本語訳
❶「あなたは学生です。」
❷「あなたは野球のファンですか。」
―「いいえ，ちがいます。」
❸「私は準備ができていません。」

2 ❶aはsoccer playerの前に付ける。
❷疑問文は〈be動詞＋主語～?〉の語順にする。
❸否定文は〈主語＋be動詞＋not ～.〉の語順にする。「～出身です」〈be動詞＋from ～〉の否定文なので，be動詞のあとにnotを置く。

3 ❶「準備ができている」はbe動詞のあとに形容詞のreadyを続けて表す。
❷「遅刻(ちこく)した」は形容詞のlateで表す。否定文なので，be動詞のあとにnotを置く。

⚠ミス注意！
主語がだれかを確認(かくにん)する。❶の主語は「私」＝I，❷の主語は「あなた」＝you。

❷This is ～. / That is ～.の文（be動詞②）

✔ 基本をチェック

❶is　❷That
❸is　❹not
❺Is　❻isn't

10点アップ！

1 ❶Is that / it is not
❷This isn't

2 ❶This is a nice cap(.)
❷Is this an umbrella(?)
❸That is not a bird(.)

3 ❶This is a letter.
❷Is that an orange?

解説

1 ❶That is ～. の文を疑問文にするときは，be動詞isを主語thatの前に出す。答えの文では，疑問文の主語thatをitにかえることと，be動詞を使って答えることに注意。

❷否定文にするには，isのあとにnotを置く。空所の数から，短縮形のisn'tを使う。

日本語訳

❶「あれはピアノですか。」
―「いいえ，ちがいます。」

❷「これはカメラではありません。」

2 ❶ This is ～.の文。aは「すてきな帽子(ぼうし)」を表す〈形容詞＋名詞〉の前に置く。

❷疑問文なのでIs this ～?の形になる。anは名詞umbrellaの前に置く。

❸否定文なので，That is not ～.の形になる。aは名詞birdの前に置く。

3 ❶「これは手紙です。」という文になる。This isで始め，そのあとに「1通の手紙」a letterを続ける。

❷「あれはオレンジですか。」という文になる。Is thatで始め，そのあとに「1つのオレンジ」an orangeを続ける。

ミス注意！

orangeは数えられる名詞。母音(ぼいん)で始まる語なので，前にanが必要。

❸ He is ～. / She is ～.の文（be動詞③）

✔ 基本をチェック

❶ He	❷ She's
❸ isn't	❹ Is
❺ she	❻ is

10点アップ！

1 ❶ He is
❷ Is he / he's not[he isn't]
❸ She's not[She isn't]

2 ❶ She is a famous singer(.)
❷ Is he your cousin(?)
❸ He is not a teacher(.)

3 ❶ She is[She's] from Canada.
❷ Is he your friend?

解説

1 ❶主語をheにするので，それに合わせてbe動詞をisにする。

❷疑問文にするので，be動詞isを主語heの前に出す。答えるときもheとisを使う。答えの文は，空所の数から短縮形を使って答える。

❸否定文にするので，isのあとにnotを置く。空所の数から短縮形を使って，She's notかShe isn'tで表す。

ミス注意！

短縮形はhe is → he's，she is → she's，is not → isn'tになる。

日本語訳

❶「彼(かれ)はバスケットボールのファンです。」

❷「彼はあなたのお兄さん[弟さん]ですか。」
―「いいえ，ちがいます。」

❸「彼女(かのじょ)は私の母ではありません。」

2 ❶「彼女は～です。」という文なので，She is ～.で表す。famousは「有名な」という意味の形容詞で，名詞singerの前に付ける。aは「有名な歌手」＝famous singerの前に置く。

❷「彼は～ですか。」という疑問文なので，Is he ～?でたずねる。

❸「彼は～ではありません。」という文なので，He is not ～.で表す。aは名詞teacherの前に置く。

3 ❶「彼女はカナダ出身です。」という文になる。「～出身です」は〈be動詞＋from ～〉で表す。主語がsheになるので，be動詞はisにする。

❷「彼はあなたの友達ですか。」という文になる。「彼は～ですか。」という疑問文なので，Is he ～? の形にする。「あなたの友達」＝your friend

❹I play ～. などの文（一般動詞の現在の文）

✔基本をチェック

❶often ❷study
❸do ❹not
❺speak ❻Do
❼watch ❽I
❾don't

10点アップ！

1-❶Do you know that boy?
❷Yes, I do.
❸No, I don't.

2-❶I do not[don't] like baseball very much.
❷私はあまり野球が好きではありません。

3-❶I don't like math.
❷Do you sometimes play soccer?

解説

1-❶〈You＋一般動詞～.〉を疑問文にするときは，**主語youの前にDoを置く**。
❷❸〈Do you＋一般動詞～?〉の疑問文には，Yes, I do. / No, I do not [don't]. で答える。
❸は3語で答えるので，don'tを使う。

日本語訳
❶「あなたはあの男の子を知っていますか。」
❷「はい，知っています。」
❸「いいえ，知りません。」

2-❶〈I＋一般動詞～.〉の否定文は，**動詞の前にdo not[don't]を置く**。
❷否定文でvery muchを使うと，「あまり～ではない」という意味になる。

3-❶「私は数学が好きではありません。」という文になる。否定文なので〈I don't＋一般動詞～.〉の形にする。
❷「あなたはときどきサッカーをしますか。」という文になる。疑問文なのでDoで文を始める。「ときどき」という意味の副詞sometimesは，一般動詞playの前に置く。「サッカーをする」となるので，playのあとに目的語のsoccerを続ける。

⚠ミス注意！
「～を，～に」を表す語（＝目的語）は，動詞のあとに続く。

2章

⑤名詞の複数形

✔ 基本をチェック

❶eggs ❷tomatoes
❸How ❹many
❺sisters ❻some
❼friends

10点アップ！

1 ❶How many balls do you have?
❷あなたはボールをいくつ持っていますか。

2 ❶I have five T-shirts.
❷I have some T-shirts.
❸Do you have any T-shirts?

3 ❶Do you like dogs?
❷I have some books.

解説

1 ❶数をたずねるので，〈How many＋名詞の複数形〉を文頭に置き，あとは疑問文の語順にする。

⚠ミス注意！
How manyのあとに続く名詞は複数形にすること。

❷〈How many＋名詞の複数形＋do you ～?〉「あなたはいくつの…を～しますか。」

2 ❶T-shirtを複数形のT-shirtsにする。
❷someのあとに続く数えられる名詞は複数形になる。
❸ふつうの文中のsomeは，**疑問文や否定文にするときは**，anyにかえる。

日本語訳
❶「私は5枚のTシャツを持っています。」
❷「私はTシャツを何枚か持っています。」
❸「あなたはTシャツを何枚か持っていますか。」

3 ❶「あなたはイヌが好きですか。」という文になる。疑問文なので〈Do you＋動詞～?〉の形にする。「イヌ」はdogsと複数形で表すことに注意する。
❷「私は何冊かの本を持っています。」という文になる。「私は～を持っている。」はI have ～. で表す。
「何冊かの本」＝some books

⑥命令文

✔ 基本をチェック

❶Help ❷please
❸Don't ❹Be
❺Don't ❻be
❼Let's ❽sit

10点アップ！

1 ❶Study math every day.
❷Don't be late.

2 ❶行きましょう
❷読んでください
❸とってはいけません

3 ❶Don't open the door.
❷Let's play soccer.

解説

1 ❶命令文に書きかえるには，主語Youをとって，Studyで文を始めればよい。
❷be動詞の否定の命令文は，Beで始まる命令文の前にDon'tを置く。

日本語訳

❶「毎日，数学を勉強しなさい。」

❷「遅(おく)れてはいけません。」

2 ❶〈Let's＋動詞の原形～.〉＝「～しましょう。」

❷ていねいな命令文。read＝「～を読む」

❸ Don'tで始まっている否定の命令文なので，「～してはいけません」という意味になる。take pictures＝「写真をとる」

3 ❶「そのドアを開けてはいけません。」という文になる。否定の命令文にするので，〈Don't＋動詞の原形～.〉の形にする。「～を開ける」＝open

❷「サッカーをしましょう。」という文になる。「～しましょう」と相手を誘(さそ)うときは，Let'sで文を始める。Let'sのあとは動詞の原形。「(スポーツ)をする」＝play

❼さまざまな疑問文①（what, who, where, when）

基本をチェック

❶ What ❷ It's

❸ What ❹ do

❺ Who ❻ is

❼ When ❽ do

10点アップ！

1 ❶ Where ❷ What

❸ When ❹ Where

2 ❶ Where is she from(?)

❷ Who is that woman(?)

❸ When do Ben and Mary play tennis(?)

3 ❶ Where are you from?

❷ When do you do your homework?

解説

1 それぞれ，答えの文の中心になる部分に注目する。

❶「それはテーブルの下にいます。」と場所を答えているので，Whereが適切。

❷「私の名前はアヤです。」と答えているので，名前をたずねる文になるように，Whatを選ぶ。

❸「私は夕食のあとにふろに入ります。」と時を答えているので，Whenが適切。

❹「体育館で。」と場所を答えているので，Whereが適切。

日本語訳

❶「あなたのイヌはどこにいますか。」
―「テーブルの下にいます。」

❷「あなたの名前は何ですか。」
―「私の名前はアヤです。」

❸「あなたはいつふろに入りますか。」
―「私は夕食のあとにふろに入ります。」

❹「彼(かれ)らはどこでバスケットボールを練習しますか。」
―「体育館で。」

2 ❶「どこ」と場所をたずねるので，Whereで始めてあとに疑問文の語順を続ける。「～出身」は〈be動詞＋from ～〉。

❷「～はだれですか。」は〈Who＋be動詞＋主語～?〉でたずねる。

❸「いつ～しますか。」は〈When do＋主語＋動詞～?〉でたずねる。

3 ❶「あなたはどこの出身ですか。」という文になる。「～出身である」＝〈be動詞＋from ～〉

❷「あなたはいつ宿題をしますか。」という文になる。「いつ」と時をたずねるときは，Whenで疑問文を始めて，あとに一般(いっぱん)動詞の疑問文を続ける。

⑧さまざまな疑問文②
（which, how, why, what ～, how ～）

✔基本をチェック

❶ Which　❷ How
❸ do　❹ What
❺ do

10点アップ！

1 ❶ Which　❷ How
❸ Why

2 ❶ How long do you study (every day?)
❷ What present do you want(?)
❸ Which do you like, milk or (coffee?)

3 ❶ How do you go to the station?
❷ Which do you like, baseball or soccer?

解説

1 それぞれ，答えの文の中心になる部分に注目する。

❶「私はこちらを読みます。」と答えているので，相手に選択（せんたく）させる疑問文が適切。

❷「私はバスでそこへ行きます。」と答えているので，手段をたずねるHowが適切。

❸ Because ～「なぜなら～」と答えているので，目的や理由をたずねるWhyが適切。

日本語訳

❶「あなたはどの本を読みますか。」
―「私はこちらを読みます。」

❷「あなたはどうやって病院へ行きますか。」
―「私はバスでそこへ行きます。」

❸「あなたはなぜ図書館へ行くのですか。」
―「なぜなら，私はそこで勉強するからです。」

2 ❶時間の長さをたずねるときはHow longを用いる。そのあとに〈do＋主語＋動詞～?〉を続ける。

❷「どんなプレゼント」を表すWhat presentのあとは，疑問文の語順を続ける。

❸一般（いっぱん）動詞を使って「AとBでは，どちらが～ですか。」とたずねるときは，〈Which do＋主語＋動詞の原形～, A or B?〉の語順となる。

3 ❶「あなたはどうやって駅へ行きますか。」という文になる。「どうやって～」と方法や手段をたずねるときはHowで始めて，そのあとに疑問文の語順を続ける。「駅へ行く」＝go to the station

❷「野球とサッカーでは，あなたはどちらが好きですか。」という文になる。〈Which do＋主語＋like, A or B?〉で表す。baseballとsoccerは逆でも可。

3章

⑨He plays ～.などの文（一般動詞の3人称単数現在形の文）

✔ 基本をチェック

❶teaches　❷doesn't
❸have　❹Does
❺want

10点アップ！

1 ❶She does not[doesn't] practice the piano every day.
❷Does Jane have a bike?
❸Where does he study?

2 ❶Does the dog run fast(?)
❷Kate does not know about (Japanese food.)
❸My father often goes to the mountains(.)

3 ❶Emi lives in London.
❷Does Jim like tennis?

解説

1 ❶主語が3人称単数で現在の文を否定文にするときは，**動詞の前にdoes not [doesn't] を置き，動詞は原形にする。**原形とは，-sなどが付いていない，動詞のもとの形のこと。

❷主語が3人称単数で現在の文を疑問文にするときは，**主語の前にdoesを置き，動詞は原形にする。**

⚠ミス注意！
hasは原形のhaveにする。

❸「彼は図書館で勉強します。」という文。場所をたずねるので，疑問詞Whereで文を始める。Whereのあとは〈**does＋主語＋動詞の原形～?**〉の語順にする。

日本語訳
❶「彼女は毎日はピアノを練習しません。」
❷「ジェーンは自転車を持っていますか。」
❸「彼はどこで勉強しますか。」

2 ❶主語が3人称単数で現在の疑問文は〈Does＋**主語＋動詞の原形～?**〉で表す。

❷主語が3人称単数で現在の否定文は〈**主語＋**does not＋**動詞の原形～.**〉で表す。

❸「よく（～する）」と頻度を表す副詞oftenは，一般動詞goesの前に置く。

3 ❶「エミはロンドンに住んでいます。」という文になる。主語が3人称単数で現在の文なので，動詞はlives。「ロンドンに」＝in London

❷「ジムはテニスが好きですか。」という文になる。主語が3人称単数の現在の疑問文。

⑩人やものを表す代名詞（人称代名詞・所有代名詞）

✔ 基本をチェック

❶them　❷mine
❸Whose

10点アップ！

1 ❶mine　❷her　❸We

2 ❶Whose guitar is (this?)
❷She is his friend(.)
❸Let's sing a song for them(.)

3 ① This bike is mine.
[This is my bike.]
② I go shopping with her.

解説

1 ① 上の文は「これは私のコンピューターです。」という意味。下の文は「このコンピューターは〜です。」という意味なので，「〜」には「私のもの」という意味の語が入る。

② 下の文は上の文と空所以外はまったく同じなので，likeの目的語のMikiを代名詞に置きかえると考える。

③ ②と同様に2文目の主語を代名詞に置きかえると考える。Iを含む複数の人なので「私たちは」となる。

ミス注意！

主格（〜は［が］）の人称代名詞の複数形
Ken and I → we　　you and I → we
you and Ken → you
Aki and Ken → they

日本語訳

①「このコンピューターは私のものです。」
②「あの女の子はミキです。私は彼女が好きです。」
③「ベンと私はクラスメートです。私たちは野球をします。」

2 ①「これはだれの〜ですか。」＝〈Whose＋名詞＋is this?〉

② 主語が「彼女は」なので，be動詞はis。「友達」のfriendの前に「彼の」のhisを置く。

③「〜しましょう」は〈Let's＋動詞の原形〜.〉で表す。「彼らのために」のfor themは，文末に置く。前置詞forのあとの代名詞は目的格になる。

3 ①「この自転車は私のものです。」という文になる。「私のもの」＝mine。所有格の代名詞myを使って「これは私の自転車です。」という文にしてもよい。

②「私は彼女といっしょに買い物に行きます。」という文になる。前置詞withのあとの代名詞は目的格になる。

⑪ 時刻・曜日・天候をたずねる疑問文

✔ 基本をチェック

① What　② time
③ At　④ What
⑤ day　⑥ What's
⑦ How　⑧ is
⑨ It　⑩ is

10点アップ！

1 ① イ　② エ　③ オ
④ ア　⑤ ウ

2 ① What time is it (now)?
② (今，) 何時ですか。

3 ① How is[How's] the weather today?
② I get up at seven thirty.

解説

1 ① 今日は何曜日かをたずねている。曜日を答えているのはイ。

② 天候をたずねている。エのrainyは「雨降りの」という意味の形容詞。

③ 動作を行う時刻をたずねている。オは(I[We] leave home) At seven forty. と考える。

④ 今日の日付をたずねている。日付を答えているのはア。

⑤ 現在の時刻をたずねている。itを主語に使って時刻を表しているのはウ。

日本語訳

❶「今日は何曜日ですか。」
❷「天気はどうですか。」
❸「あなた(たち)は何時に家を出発しますか。」
❹「今日は何月何日ですか。」
❺「今，何時ですか。」
ア「11月17日です。」
イ「火曜日です。」
ウ「3時45分です。」
エ「雨が降っています。」
オ「7時40分に。」

2 ❶「3時です。」という文。時刻をたずねる疑問文にする。
❷時刻を表すitは「それ」とは訳さない。

⚠ミス注意！
時刻や曜日などを表すitと，「それは」「それを」を表すitを混同しないように注意。

3 ❶「今日の天気はどうですか。」という文になる。天候をたずねるときは，howで始まる疑問文を用いる。「今日」を意味するtodayは，文末に置く。
❷「私は7時30分に起きます。」という文になる。「～時…分に」は〈at＋時刻を表す語＋分を表す語〉で表す。「起きる」＝get up

⑫助動詞can

✔基本をチェック

❶can ❷run
❸cannot[can't] ❹write
❺Can ❻see
❼Who ❽can

10点アップ！

1 ❶Can Miyuki play the piano?
❷Yes, she can.

2 ❶Jim can draw pictures well(.)
❷I cannot use this camera(.)
❸When can you help us(?)

3 ❶I can speak English.
❷Can you play the guitar?

解説

1 ❶canの疑問文は，〈Can＋主語＋動詞の原形～?〉で表す。
❷〈Can＋主語＋動詞の原形～?〉の疑問文なので，〈Yes, 主語＋can.〉で答える。

日本語訳

❶「ミユキはピアノを弾(ひ)くことができますか。」
❷「はい，できます。」

2 ❶「上手に」を意味するwellは，文末に置く。
❷canの否定文は，〈主語＋cannot[can't]＋動詞の原形～.〉で表す。
❸「いつ」を表す疑問詞Whenのあとにcanの疑問文〈can＋主語＋動詞の原形～?〉を続ける。

⚠ミス注意！
助動詞canの文では，主語が3人称(にんしょう)単数でも，動詞は原形を使う。

3 ❶「私は英語を話すことができます。」という文になる。助動詞canを使って可能を表す。
❷「あなたはギターを弾くことができますか。」という文になる。〈Can＋主語＋動詞の原形～?〉で表す。

4章

⑬現在進行形

✔基本をチェック

❶ are　❷ singing
❸ not　❹ studying
❺ Are　❻ eating[having]

10点アップ！

1 ❶ What is Emi studying?
❷ She is not[She's not / She isn't] using the computer.

2 ❶ Bill is taking pictures in (the shrine.)
❷ Is your brother working at (a restaurant?)
❸ She is not writing a letter (now.)

3 ❶ I am[I'm] reading a book now.
❷ What are you doing now?

解説

1 ❶「エミは何を勉強していますか。」という文にする。「何」とたずねるので，疑問詞Whatで始めて，あとに現在進行形の疑問文〈be動詞＋主語＋動詞の－ing形～?〉を続ける。
❷現在進行形の否定文は，**be動詞のあと**に**not**を置く。

日本語訳

❶「エミは何を勉強していますか。」
❷「彼女(かのじょ)はそのコンピューターを使っていません。」

2 ❶現在進行形のふつうの文。〈**主語＋be動詞＋動詞の－ing形～.**〉の語順にする。
❷現在進行形の疑問文なので，be動詞isのあとに主語と動詞の－ing形を続ける。
❸現在進行形の否定文なので，〈**主語＋be動詞＋not＋動詞の－ing形～.**〉の語順にする。

3 ❶「私は今，本を読んでいます。」という現在進行形の文になる。主語がIなので，そのあとに続くbe動詞はam。
❷「あなたは今，何をしていますか。」という文になる。Whatで文を始め，そのあとに現在進行形の疑問文を続ける。

⑭会話表現①

✔基本をチェック

❶ Thank　❷ for
❸ sorry　❹ OK
❺ Hello　❻ This
❼ Can　❽ speak
❾ Speaking

10点アップ！

1 ❶ありがとうございます。
❷どういたしまして。
❸すみません。
❹少々お待ちください。

2 ❶ Thank you for your e-mail(.)
❷ Can I speak to Meg (, please?)

3 ❶ You are[You're] welcome.
❷ I'm sorry.

解説

1 ❶相手に感謝の気持ちを伝えるときの表現。
❷ Thank you. に対する返答。

❸人に話しかけるときの表現。

ミス注意！
相手に謝る(I'm) sorry. と用法を混同しないようにすること。

❹相手に少し待ってほしいときに使う表現。

2 ❶「～をありがとう。」＝Thank you for ～.

❷電話で話したい相手を呼び出してほしいときの表現。

3 ❶Thank you. に対する決まった表現。

❷「ごめんなさい。」という文になる。I'm を使うので，I'm sorry. と表す。

⑮会話表現②

✔ 基本をチェック

❶Where ❷Turn
❸at ❹looking
❺for ❻How
❼much ❽It's
❾Here ❿are

10点アップ！

1 ❶いらっしゃいませ。
[お手伝いしましょうか。]
❷この近くの駅はどこですか。
❸博物館[美術館]へはどう行けばいいですか。
❹私はカメラを探しています。

2 ❶How much is this bag(?)
❷Turn left at the third traffic light(.)

3 ❶Where is the library?
❷I'm looking for an umbrella.

解説

1 ❶Can I ～? は「～してもいいですか。」と相手に許可を求めるときの表現の1つ。店員が使うと「いらっしゃいませ。」という日本語があてはまる。

ミス注意！
会話表現は，たずねる側とたずねられる側の表現をはっきり区別して覚えるようにしよう。

❷Whereで始まるので，場所をたずねる疑問文である。near here＝「この近くの(に)」

❸How can I get to ～? ＝「～へはどう行けばいいですか。」

❹look for ～は「～を探す」という意味の連語。現在進行形にして店で使うと，「私は～を探しています」と店員に探しているものを伝える表現となる。

2 ❶「～はいくらですか。」はHow much ～? でたずねる。

❷「～で右[左]に曲がってください。」はTurn right[left] at ～. で表す。「信号」＝traffic light

3 ❶「図書館はどこにありますか。」という文になる。場所をたずねるので，Where で文を始める。

❷「私はかさを探しています。」という文になる。現在進行形〈be動詞＋動詞の-ing形〉の文で表す。「～を探す」＝look for ～

⑯会話表現③

✔ 基本をチェック

❶Can　❷I
❸Can　❹you
❺right　❻I
❼have　❽Take

10点アップ！

1 ❶私は元気です。
❷どうかしたのですか。
❸このケーキを食べてもよいですか。
❹私たちを手伝ってくれませんか。

2 ❶I have a cold(.)
❷Can I open the door(?)

3 ❶Can I use your eraser?
❷What's wrong?

解説

1 ❶fineは「元気な」という意味の形容詞。
❷具合の悪そうな相手に対してかける言葉。
❸Can I ～?は「～してもよいですか。」と許可を求める表現。
❹Can you ～?は「～してくれませんか。」と相手に依頼(いらい)するときの表現。

2 ❶「かぜをひいている」＝have a cold
❷「～してもよいですか。」と相手に許可を求めているので，Can I ～?の疑問文の形でたずねる。

3 ❶「あなたの消しゴムを使ってもよいですか。」という文になる。許可を求めるCan I ～?を用いる。

ミス注意！
・許可を求める…Can I ～?
・依頼する………Can you ～?

❷「どうかしたのですか。」とたずねる文にする。

5章

⑰一般動詞の過去形①（規則動詞）

✔ 基本をチェック

❶visited　❷cleaned
❸last　❹night

10点アップ！

1 ❶cleaned　❷washes
❸cooked　❹used

2 ❶I studied English yesterday.
❷They played basketball three days ago.
❸She watched a movie last Wednesday.
❹My mother walked in the park yesterday morning.

3 ❶I played soccer last Saturday.
❷I studied math yesterday.

解説

1 ❶文末にyesterdayがあるので過去の文。動詞cleanを過去形のcleanedにする。
❷文末のon Sundaysが現在の習慣を表す。主語がMy father (＝3人称(にんしょう)単数)なので，動詞washを3人称単数現在形にする。
❸文末にlast Saturdayがあるので過去の文。動詞cookを過去形のcookedにする。
❹文末にtwo hours agoがあるので過去の文。動詞useを過去形のusedにする。

日本語訳

❶「私たちは昨日，その部屋を掃除(そうじ)しました。」

❷「私の父は日曜日に自分の車を洗います。」

❸「彼(かれ)はこの前の土曜日に昼食を料理しました。」

❹「彼女(かのじょ)は２時間前にその自転車を使いました。」

2 それぞれ過去の文になる。

❶動詞studyを過去形studiedにする。

❷動詞playを過去形playedにする。

❸watchの３人称(にんしょう)単数現在形のwatchesを過去形watchedにする。

❹walkの３人称単数現在形のwalksを過去形walkedにする。

ミス注意！

動詞の過去形は主語の人称・数によらず，１つしかないことに注意。

日本語訳

❶「私は昨日，英語を勉強しました。」

❷「彼(女)らは３日前にバスケットボールをしました。」

❸「彼女はこの前の水曜日に映画を見ました。」

❹「私の母は昨日の朝，公園を歩きました。」

3 ❶「私はこの前の土曜日にサッカーをしました。」という文になる。動詞playを過去形にする。「この前の土曜日」＝last Saturday

❷「私は昨日，数学を勉強しました。」という文になる。「昨日」のyesterdayは，文の先頭に置いても，最後に置いてもよい。

⑱一般動詞の過去形②（got, wrote, went, cameなど）

✔ 基本をチェック

❶went ❷didn't

❸study ❹Did

❺go

10点アップ！

1 ❶ Did Ben go to the park last Sunday?

❷ No, he did not[didn't].

❸ Where did Ben go last Sunday?

2 ❶ I met Yui at the station (yesterday.)

❷ She did not get up early (this morning.)

3 ❶ I went to Australia last month.

❷ Did you do your homework yesterday?

解説

1 ❶ wentはgoの過去形なので，この文は過去の文。過去の疑問文にするので，〈Did＋主語＋動詞の原形～？〉の語順になる。wentを原形のgoにすることに注意。

❷❶は一般(いっぱん)動詞の過去の疑問文なので，〈No, 主語＋did not[didn't].〉と答える。

❸「ベンはこの前の日曜日にどこへ行きましたか。」という文になる。場所をたずねるので疑問詞Whereで始め，あとに過去の疑問文〈did＋主語＋動詞の原形～？〉を続ける。

ミス注意！
不規則動詞は，原形と過去形を対応させて，しっかり暗記しておくこと。

日本語訳
❶「ベンはこの前の日曜日に公園へ行きましたか。」
❷「いいえ，行きませんでした。」
❸「ベンはこの前の日曜日にどこへ行きましたか。」

2-❶一般動詞を使った過去の文は，〈主語＋動詞の過去形～.〉の語順で表す。met は**meetの過去形**。
❷「～しませんでした。」という過去の否定文は，〈**主語**＋did not[didn't]＋**動詞の原形**～.〉の語順で表す。
「起きる」＝get up

3-❶「私は先月，オーストラリアへ行きました。」という文になる。「～へ行った」はwent to ～で表す。「先月」＝last month
❷「あなたは昨日，宿題をしましたか。」という過去の疑問文になる。「あなたの宿題をする」＝do your homework

⑲be動詞の過去形

基本をチェック

❶were　❷wasn't
❸Were　❹you

10点アップ！

1-❶It was not[wasn't] cloudy this morning.
❷**今朝はくもっていませんでした。**
❸It is[It's] cloudy today.

2-❶Was the movie interesting?
❷No, it wasn't.
❸How was the movie?

3-❶It was rainy this morning.
❷Were you at home yesterday?

解説

1-❶be動詞の過去の文を否定文にするので，**be動詞のあとにnotを置く。**
❷be動詞の過去の否定文なので，「～ではありませんでした」という意味になる。cloudy＝「くもりの」
❸be動詞を現在形のisにする。

日本語訳
❸「今日はくもっています。」

2-❶be動詞の過去の文を疑問文にするので，**be動詞を主語の前に出す。**
❷〈Was＋主語～?〉の疑問文なので，〈No, 主語＋was not[wasn't].〉で答える。3語で答えるので，短縮形を使う。
❸「～はどうでしたか。」とたずねる疑問文にするので，疑問詞Howで始める。**疑問詞のあとはbe動詞の過去の疑問文の語順。**

ミス注意！
疑問詞を使ってたずねるbe動詞の過去の疑問文は，〈疑問詞＋was[were]＋主語～?〉

日本語訳
❶「その映画はおもしろかったですか。」
❷「いいえ，おもしろくありませんでした。」
❸「その映画はどうでしたか。」

3-❶「今朝，雨が降っていました。」という文になる。形容詞のrainyを使うので，〈主語＋be動詞＋rainy〉の形にする。This morningを文頭にしてもよい。
❷「あなたは昨日，家にいましたか。」という文になる。**「家にいた」はwas / were**

at home で表す。疑問文なので〈be動詞＋主語～？〉の語順にする。

⑳過去進行形

✔基本をチェック

❶was　❷listening
❸not　❹sleeping
❺Was　❻studying

10点アップ！

1 ❶ Was she practicing tennis at four?
❷ No, she wasn't.
❸ What was she doing at four?

2 ❶ It was not[wasn't] raining at that time.
❷そのとき，雨は降っていませんでした。
❸ It is[It's] raining now.

3 ❶ What were you doing at seven (o'clock)?
❷ I was cleaning my room at that time.

解説

1 ❶過去進行形の疑問文にするので，be動詞wasを主語sheの前に出す。
❷過去進行形の疑問文にはbe動詞を使って答える。3語で答えるので短縮形を使う。
❸「何をしていたか」をたずねるので，Whatで文を始め，あとに過去進行形の疑問文〈be動詞＋主語＋doing?〉を続ける。practicing tennis「テニスを練習している」が答えの中心なので，What was she practicing at four? とするのは誤り。

日本語訳

❶「彼女(かのじょ)は4時にテニスを練習していましたか。」
❷「いいえ，していませんでした。」
❸「彼女は4時に何をしていましたか。」

2 ❶過去進行形の文を否定文にするので，be動詞wasのあとにnotを置く。
❷rainingは「雨が降る」という意味の動詞rainの-ing形。
❸現在進行形の文になるので，be動詞wasを現在形のisにする。

ミス注意！
過去進行形の否定文と疑問文はbe動詞の文と同じようにして作る。動詞は-ing形のまま。

日本語訳

❸「今，雨が降っています。」

3 ❶「あなたは7時に何をしていましたか。」という文になる。「何を」とたずねているので，疑問詞Whatのあとに過去進行形の疑問文を続ける。
❷「私はそのとき，私の部屋を掃除(そうじ)していました。」という文になる。